자발적 복종

자발적 복종

Discours de la servitude volontaire

에티엔 드 라 보에시 지음

손주경 옮김

도서출판 b

| 일러두기 |

1. 이 책은 Éitenne de La Boétie, *Discours de la servitude volontaire*, éd. André Tournon, Paris, Vrin, 2014를 옮긴 것이다.
2. 인명과 지명은 외래어 표기법에 근거하여 현지 발음대로 표기하는 것을 원칙으로 했다.
3. 번역어의 뜻을 전달하기 위해 필요한 경우 한자와 원문을 병기했다.
4. 본문에 달린 주석은 모두 옮긴이의 것이다.

| 차 례 |

자발적 복종에 대한 논설[1]

"여러 명의 지배자를 섬기는 것이 바람직하다고는 추호도 생각하지 않는다"

"지배자는 단지 한 명이어야 하며, 단 한 명만이 국왕이어야 한다"[2]

· ·

1. 책의 제목은 신분이 높은 이들에게 자진해서 굽실거리는 궁정인들의 비천한 삶을 비판한 세네카의 『인생의 짧음에 관하여』 2권 1장에서 빌려왔다.

2. 『일리아드』 2권 204-205행에 해당한다. 당시의 정치논쟁에서 이 시행들은 자주 환기되었다. 그리스군 총사령관 아가멤논은 제우스가 보낸 꿈에서 트로이아가 함락되는 것을 본다. 꿈을 해석하기 위해 아가멤논은 전체 군사회의를 소집한다. 여기에서 네스토르와 오디세우스는 열띤 논쟁을 벌였다. 자리에 참석했던 그리스의 한 부족인 아카이아인들은 트로이아 정복을 포기하고, 즉 헬레네를

호메로스에 따르면 오디세우스는 이런 식으로 대중 앞에서 연설을 했다. 만약 그가

　　"여러 명의 지배자를 섬기는 것이 바람직하다고는 추호도 생각하지 않는다"

고만 말했다면 그것만으로도 충분했을 것이다. 하지만 한 사람의 권력은 그가 지배자라는 호칭을 얻게 되는 순간부터 가혹해지고 이치를 거스른다. 따라서 현명하게 생각한 끝에 여러 명의 지배는 좋지 않을 수 있다고 말하기보다는 그는 거꾸로 "지배자는 단지 한 명이어야 하며, 단 한 명만이 국왕이어야 한다"라는 말을 덧붙이고 말았다.[3]

● ●

　　데려오는 것을 포기하고 귀향하자는 의견에 솔깃해진다. 트로이아를 포기하려는 아카이아 부족을 본 아테네는 올림포스에서 내려와 오디세우스를 만나 모든 불행의 원인이 트로이아였기 때문에 반드시 정복을 해야만 하며 귀향을 서두르는 아카이아인들을 설득할 것을 종용한다. 이에 오디세우스는 부족장이나 사람들을 만날 때마다 겁쟁이처럼 굴지 말고 원정에 나설 것을 적극적으로 설득하면서 '여기 있는 모두가 왕이 될 수는 없다, 왕이 많다는 것은 결코 좋은 일이 아니며, 왕은 한 사람이면 족하다'라는 말을 했다.
3.　이런 발언에 따르면 라 보에시는 군주에 대한 호메로스의 관점을

간접적으로 비판하고 있다고 볼 수 있다. 지배자가 '진정한 국왕'이 될 수 있다고 호메로스가 생각한 것과는 반대로 라 보에시는 권력에 의한 어떤 지배도 거부하기 때문이다. 그는 단 한명의 군주에게 복종하게 만드는 모든 정치체제 자체를 비판한다. 복종을 지배자를 인정한 행위가 낳은 결과로 파악하기 때문이다. 그가 생각하는 진정한 지배는 '자신'의 지배일 뿐이다. 사실 호메로스는 지금도 마찬가지이지만 16세기 당시에도 누구와도 비견될 수 없는 위엄을 지닌 인물이었을 뿐만 아니라 텍스트 권력의 상징이기도 했다. 17세기의 우다르 드 라 모트(Antoine Houdar de la Motte), 18세기의 안 다시에(Anne Dacier), 19세기의 르콩트 드 릴르(Leconte de Lisle), 20세기의 필립 자코테(Philippe Jaccottet)가 호메로스를 번역하기 이전에 16세기 작가들, 특히 아마디스 자맹(Amadis Jamyn), 위그 사렐(Hugues Salel), 자크 펠르티에(Jacques Peletier) 등도 번역을 하였다. 그들은 인간과 세계에 대한 호메로스의 관점에서 인문주의의 발현을 위한 중요한 요소를 발견했다. 16세기 프랑스를 대표하는 시인 피에르 드 롱사르(Pierre de Ronsard)의 스승인 장 도라(Jean Dorat) 역시 오디세우스의 시련을 세상의 악에 대한 인간의 맞섬으로 이해하기를 권유하였다. 또한 16세기에 형성되기 시작한 국가에 대한 정치의식은 서사시를 작성한 호메로스에 대한 경도를 나을 수밖에 없었다. 인문주의자들은 호메로스를 읽고 해석하면서 오디세우스를 프랑스 국왕의 한 모델로 간주했으며, 이런 경향은 화가들에게도 영향을 끼쳤다. 프리마티치오(Primaticcio)와 로소 피오렌티노(Rosso Fiorentino)는 프랑수아 1세와 오디세우스를 동일시하는 58편의 그림을 퐁텐블로성의 율리시스 화랑(La Galerie d'Ulysse)에 내다걸었다. 이와 같은 당시 인문주의자들의 관심을 고려해서 라 보에시가 호메로스를 언급한 것은 일견 당연해 보인다. 그는 호메로스를 인용하면서 인문주의 전통 안에 자신을 위치시키고, 자기 작품의 권위와 진정성을 획득하려고 시도했다. 그러나 오디세우스

군대의 소요를 가라앉히기 위해 당시에 이런 말을 해야만
했던 오디세우스를 아마도 용서해야 할 것이다. 내가 보기에
그의 말은 진실이라기보다는 상황에 더 적절했기 때문이다.
그러나 곰곰이 따져 생각해본다면[4], 원하기만 한다면 언제나

＊＊

> 의 발언을 비판하면서 더 이상 그를 국왕이 지녀야 할 신중함의
> 모델로 삼으려 하지 않는다는 점, 군주의 통치에 대한 호메로스의
> 관점을 비판한다는 측면에서 그는 호메로스라는 작가의 권위에
> 이의를 제기하는 대담함마저도 드러내고 있다.

4.   "대중 앞에서 연설을 했다", "진실이라기보다는 상황에 더 적절했
> 다", "곰곰이 따져 생각해본다면"과 같은 표현들은 여러 문제를
> 제기한다. 라 보에시는 민중이 말의 진실보다는 말의 실질적 효과를
> 더 선호하는 경향이 있다고 파악한다. 따라서 오디세우스가 "대중
> 앞에서" 연설을 한 것을 선동에 해당하는 것으로 간주한다. 즉
> '상황'에 따른 것이지 '진실'을 위한 행위라고 할 수 없다는 것이다.
> 따라서 민중의 선호도를 정확히 꿰뚫어보는 선동가라고 할 수
> 있는 오디세우스가 한 연설은 속임수에 해당한다. 그의 말에는
> 윤리가 배제되어 있다. 이 점에서 라 보에시는 자신의 작품이 오디
> 세우스의 연설과는 다른 것이 될 것을 넌지시 암시한다. 오디세우스의
> 말이 대중을 대상으로 삼았다면, 그것은 왜곡의 가능성을 언제나
> 내재하고 있으며 민중에 의해 왜곡될 가능성도 있기 때문이다.
> 말의 진실을 담아내지 못하는 오디세우스의 말과 달리 라 보에시는
> "곰곰이 따져 생각해본다면"과 같은 표현을 통해 말이 아닌 글을
> 선택한 자신의 작품 안에 진실을 담아내겠다는 의지를 피력한다.
> 그는 오디세우스처럼 "상황"에 맞춘 말, 그래서 진실보다는 진실인
> 것처럼 보이는 말을 하기 보다는 정의와 진실을 지향하는 글을
> 쓰고자 한다. 그리고 바로 여기에서 라 보에시가 생존 시에 이
> 작품을 출간하지 않은 이유의 단서를 찾을 수 있다. 작품의 독자인

사악해질 수 있는 힘을 지녔기 때문에 선善하다고 보장할
수 없는 그런 지배자에게 복종하는 것은 극도의 불행이며,
지배자가 여러 명일수록 그만큼 극도로 불행해지는 법이다.[5]
나는 여기에서 수없이 뜨겁게 논의되었던 문제, 즉 군주제[6]보
다 다른 방식의 정치체제[7]가 훨씬 더 나은 것인지 아닌지를

• •

민중이 말과 글에 담긴 진실보다는 그것의 실질적 효과만을 추구하
면서 진실을 왜곡한다면 이런 민중을 대상으로 삼은 작품 출간을
그는 생각할 수 없었을 것이다.

5. 역시 오디세우스에 대한 비판에 해당한다. 라 보에시는 오디세우스
    가 국왕과 통치자를 동일시한 것을 비판한다. '지배'를 왕권의 통치
    와 연결시킴으로써 왕과 폭군을 동일시했기 때문이다. 또한 이것은
    그가 왕권 자체를 부정하기보다는 '지배'라는 권력의 잘못된 '사용
    방식(façon)'을 부정한다는 것을 의미한다. '지배'라는 개념은 비합
    법적인 권력의 기능을 가리키기 때문이다. "자신이 원하기만 한다
    면 언제나 사악해질 수 있는 힘을 지녔기 때문에"라는 표현에
    의해서도 알 수 있듯이, 그는 권력의 사용방식이나 기능, 즉 권력이
    남용되고 왜곡되는 것에 의해서 폭군을 정의할 수 있다고 생각한다.
    따라서 라 보에시의 작품은 '한 사람의 폭군에 대한 항거'가 아니라
    '권력의 부당한 사용방식'을 문제 삼는다고 말할 수 있다.

6. 16세기 프랑스 법학자인 클로드 드 세셀(Claude de Seyssel)에 따르면
    군주제는 국왕의 절대권위와 동일시되었지만, 많은 인문주의자들
    은 군주제를 한 사람에 의한 다수의 통치를 가리키는 정치체제로
    간주했다. 라 보에시 역시 공동의 이익을 추구하는 정치체제 안에
    군주제를 포함시키지 않으려 한다. 따라서 이 책에서 그는 군주제를
    폭정과 같은 맥락에서 다루게 된다.

7. "정치체제"의 원문은 "république"이다. 16세기 정치이론에서 이

논하고 싶지는 않다.[8] 만약 내가 그것을 논하게 된다면 공공의 이익을 다루는 다양한 방식들 중에서 군주제의 자리가 어디에 있는지를 찾기 전에 과연 군주제에게 어떤 자리라도 정말로 주어야 하는 것인지를 물을 것이다.[9] 왜냐하면 모든 것이 단

• •

어휘는 공공선의 실행을 목적으로 삼는 통치 권력의 지배를 받는 공동체를 가리켰다. 라 보에시는 이 단어의 어원적 의미, 즉 '공공의 이익(res publica)'을 중시하는 정치체제를 염두에 두고 있다.

8. 라 보에시는 고대 이후 정치철학의 측면에서 논의의 대상이 된 권력과 권력의 배분 양상에 따른 군주제, 귀족제, 민주제 등의 정치체제를 다루려고 하지 않는다. 정치체제가 아닌 폭정과 폭정을 유지시키는 민중의 본질적인 태도가 그가 밝히려는 대상이기 때문이다. 따라서 이 책에서 그는 군주제의 전복을 통한 새로운 정치체제 형태의 출현을 주장하지 않는다. 단지 사회적 무질서와 혼란의 근본적 이유, 한 사람의 폭군에 대한 자발적인 복종의 이유와 자유의 필요성에 대한 근거를 찾으려 한다. 폭정의 토대가 되는 것이 무엇인지를 제시하고, 민중의 의지가 정치적 합법성의 원천이 되지 못한다는 것을 드러내려고 한다. 이런 이유로 이 책에서 자주 사용된 '방식'이라는 표현은 매우 중요한 가치를 지닌다. 이것은 그가 어떤 정치체제를 지지하느냐의 문제보다도 더 심각하고 근본적인 문제에 관심을 가졌다는 것을 뜻하기 때문이다. 그는 폭정 자체의 형태가 아니라 기존 정치이론이 당연한 전제로 삼고 있는 복종의 원인을 탐구한다. 왜 다수의 민중이 한 사람의 폭정을 수용하는지를 따지기 위해 그는 그 이유를 인간의 '본성'과 연계시킨다. 이 점에서 이 책은 인간 본성에 관한 연구 혹은 민중의 부패한 의지에 관한 심리적이고도 정신적인 분석이라고 할 수도 있다.

9. 라 보에시가 군주제에서 중요한 요소로 간주하는 것은 한 사람에 의한 통치형태 자체가 아니라 군주가 일반 공공의 이익을 지향하는

한 명에게 귀속된 이런 통치체제에서 공공이라는 것이 있는지 믿기 힘들기 때문이다.[10] 그렇지만 이런 문제는 별개의 논문을 요구할 것이고 온갖 정치적 분쟁을 야기할 수 있기에 훗날로 미뤄두기로 하자.[11]

• •

가 여부이다. 이것이 실현되지 않는다면, 군주는 폭군으로 떨어질 수밖에 없다. 이때의 군주는 공동이 아닌 개인의 이득만을 위하는 자에 해당한다.

10. "통치체제"의 원문은 "gouvernement"이다. 이 용어는 본래 라틴어 'regimen'을 옮긴 것이다. 기독교 초기 시대에 'regimen'은 정치가 아니라 종교적 측면에서 사용되었다. 정신을 이끌고 영혼을 인도한다는 종교적 역할을 부여받은 기독교 군주는 체제의 구성원들과 그들의 재산을 관리하는 행정을 맡았다. 이후 이 개념은 더욱 확장되어 훌륭한 군주는 공동체를 관리한다는 차원을 넘어 공동체를 '구원'으로 이끄는 역할을 맡게 된다. 따라서 이 용어에는 윤리성이 내포되어 있다. 권력을 도덕적으로 행사하는 것이 군주의 중요한 역할이었기 때문이다. 그러나 이와 반대로 폭군의 통치체제는 라 보에시에 따르면 사적 이득을 중시한다. 그래서 그가 언급하는 폭군은 윤리성의 차원에서 정의되고 있다고 말할 수 있다. 또한 이 점에서 라 보에시는 군주에게 '권력을 행사하는 기술'의 중요성을 요구한 마키아벨리와 다른 입장을 취하고 있으며, 신으로부터 권리를 부여받은 기독교 군주에 대한 민중의 절대적 복종을 주장한 루터나 칼빈과 같은 종교인문주의자들의 관점과도 맥을 달리한다고 볼 수 있다. 라 보에시의 이 책이 매우 대담하고 위험한 작품으로 고려될 수밖에 없는 이유이기도 하다. 모든 형태의 복종을 거부할 뿐만 아니라 인문주의가 인정하고 주장한 군주에 대한 복종과 동의라는 종교적 그리고 정치적 전통마저 거부하기 때문이다.

11. 일반적으로 연구자들은 라 보에시가 이 문제를 다룬 작품을 작성했

우선 당장은 어째서 많은 사람들이, 많은 마을들이, 많은 도시들이, 많은 국가들이 단 한 사람의 폭군을 때때로 지지하게 되는지 만을 생각해보자. 이 자는 사람들이 자기에게 준 권력 말고는 다른 권력을 갖지 않는다. 그는 사람들이 견뎌내기를 원하는 만큼 그들에게 해를 끼칠 수 있는 힘을 지니고 있다. 사람들이 자신을 반대하기보다는 스스로 참고 견디는 것을 더 바라지 않는다면 그는 그들에게 어떤 해도 끼칠 수 없다.[12] 비참하게 굴복당한 수많은 사람들이 불가항력의 무력

<hr />

12. 을 것으로 추정한다. 그가 쓴 많은 원고들이 소실되었기 때문이다. 이것이 민중의 복종에 내재된 신비이다. 라 보에시는 폭군의 등장은 민중이라는 존재가 있을 때만 가능하다고 생각하며, 어떤 면에서는 민중이 폭군을 만든 장본인이라고 지적한다. 이 점에서 그는 민중에 대해 비판적 관점을 지니고 있다. 군주가 폭군이 되기 위해서는 다수의 권한과 힘을 자신의 권한과 힘으로 몰수해야 한다. 달리 말해 폭군은 민중을 필요로 한다. 그런데 민중은 자발적으로 복종을 선택하는 자연적 성향을 띠고 있다. 폭군이 존재할 수밖에 없는 근거인 것이다. 이런 면에서 폭정은 인민정부(gouvernement populaire)와 구분될 수 없다. 즉 민주주의와 폭정은 같은 공간에서 같은 기능을 지닐 수 있다. 이와 같은 생각은 라 보에시가 플라톤의『국가』4장에서 명예를 권력보다 중시하는 금권정치(Timarchie), 소수의 지배형태인 과두정치(oligarchie), 민주주의, 폭정 순으로 나쁜 정치체제를 구분한 소크라테스를 따르고 있다는 것을 알 수 있다. 민주주의와 폭정은 모두 민중을 대상으로 하는 것이기에 가까운 정치체제라고 할 수 있는 것이다.

에 의해서가 아니라, 혼자이기 때문에 두려워해서도,[13] 자신들에게 아주 비인간적이고 잔인하기 때문에 좋아해서도 안 될 그런 자의 이름에 소위 홀리고 사로잡혀서[14] 머리에 멍에를 지게 되는 것을 보는 일은 참으로 충격적인, 그러나 너무도 흔하고 흔해서 그것에 놀라기보다는 오히려 한탄해야 할 일이 된다.

그런데 인간은 나약함 때문에 이렇게 하게 되고 때로는 힘에 복종하지 않을 수 없다. 우리의 힘이 항상 셀 수는 없는 법이므로 때를 기다릴 필요가 있다. 아테네라는 도시가 서른 명이나 되는 폭군들의 지배에 놓였던 것처럼 어떤 나라가 군대의 무력에 억압을 받아서 단 한 명의 권력에 복종하게 된다고 하더라도 그 나라가 복종한다는 것에 놀라서는 안 된다.[15] 오히려 그런 일이 벌어진 것을 한탄해야만 한다. 아니

• •

13. 오디세우스의 발언을 다시 문제 삼고 있다. 다수 혹은 한 사람이라는 것이 문제가 아니라 폭군의 통치방식 자체가 문제가 된다는 것을 암시한다.

14. 홀리고 사로잡히는 것은 이성의 작용이 낳은 태도가 아니다. 여기에서 라 보에시는 이성적 사고를 종종 상실하는 민중의 성향을 간접적으로 비판한다.

15. 기원전 404년 크리티아스(Critias)가 통솔하는 한 정치정당이 아테네의 권력을 장악했으며, 그의 잔인함 때문에 이 정당은 "서른 명의 독재당"이라는 이름을 얻었다.

그것에 놀라거나 한탄하기보다는 오히려 인내심을 가지고
그런 불행을 견디면서 더 나은 미래의 행운을 기다려야만
한다.

우정l'amitié이라는 공동의 의무가 우리 인생의 상당 부분을
차지하는 것은 우리의 본성 때문이다.[16] 미덕[17]을 사랑하고
훌륭한 행동을 높이 평가하고 받은 은혜에 감사하고 우리가
사랑하고 우리의 사랑을 받을 만한 사람들의 명예와 이득을
더하기 위해 때때로 우리 자신의 행복을 줄이는 것은 이치에
맞는 일이다.[18] 따라서 한 나라의 거주민들이 자신들을 구원해
줄 수 있는 커다란 선견지명과 자신들을 지켜줄 수 있는 커다란

• •

16. 복종에 맞서는 우정의 가치는 이 책의 마지막 부분에서 다시 다루어
     질 것이다.
17. "미덕"의 원문은 "vertu"이다. 16세기에 이 용어는 다중적 의미를
     지녔다. 어원인 라틴어 'virtus'의 'vir'는 '남성'을 가리켰다. 따라서
     '물리적인 힘'이라는 의미를 내포했으며, 여기에서 '효과', '효율성',
     '영향력' 등의 의미와 '활동의 원동력'이라는 의미가 파생되었다.
     또한 이 용어는 도덕적 차원에서 인간의 정신적 특징이나 성향을
     가리켰다. 그래서 '영혼의 힘', '용기', '용맹함', '굳건함' 등의 번역
     어가 가능하다. 라 보에시는 작품에서 총 9번에 걸쳐 이 용어를
     사용하지만, 매번 다른 의미로 사용했다. 여기에서는 인간의 자질
     혹은 인간의 타고난 성향과 관련된 의미를 지닌다.
18. 라 보에시는 이성에 따른 판단과 행동의 중요성을 강조한다. 이성은
     본래 자연에 의해 주어진 것이며, "미덕" 역시 이런 자연스러움에
     속하는 가치의 하나이다.

꿋꿋함 그리고 자신들을 통치할 수 있는 어떤 위대한 분별력을 증명해줄 어떤 탁월한 인물 한 명을 자기들 안에서 발견한다고 할지라도,[19] 그리고 그에게 오랫동안 복종하고 그에게 어떤 통치권을 내맡길 정도로 그를 신뢰하는 데 익숙해진다고 할지라도, 그가 선을 베풀었던 장소에서 그를 끄집어내어 악행을 범할 수 있을 곳에 그의 자리를 마련해주는 것이 과연 현명한 일인지 나는 알지 못하겠다.[20] 우리에게 선행만을 베풀어 주었던 사람에 대해서 호의를 갖고, 그가 어떤 악행을 행하리라고 염려하지 않는 것은 분명 당연한 일일 것이다.[21]

그러나 오, 위대하신 신이시여, 대체 이게 뭐란 말인가?

• •

19. "선견지명(prévoyance)", "꿋꿋함(hardiesse)", "분별력(soin)"은 모두 미덕에 속하는 것으로서 자연이 부여한 속성들이다.

20. 라 보에시가 보기에 폭군을 자진해서 만들어내는 민중은 이성을 따르고 있다고 말할 수 없다. 민중이 폭군을 만들고 폭군의 탄생은 민중이 존재할 때만 가능하다. 게다가 한 사람에게 모든 것을 의존함으로써 그 한 사람이 스스로 폭군의 길을 가도록 만든 것도 바로 민중이다.

21. 라 보에시는 이 문단에서 이성의 중요성을 강조하기 위해 "이치에 맞는(raisonnable)", 미덕", "현명한(sagesse)", "당연한 일이리라(sy ne pourroit il faillir)" 등과 같은 용어들을 의도적으로 사용한다. 글쓰기 방식의 '신중함'을 엿볼 수 있다. 그런데 이런 신중함 역시 미덕의 한 양상이다.

이것을 무엇이라 불러야 한단 말인가? 대체 이 불행은 무엇이란 말인가? 대체 이 악덕, 이 불행한 악덕은 무엇이란 말이냐?[22] 셀 수 없는 수많은 사람들이 복종하는 것이 아니라 오히려 받들어 섬기고, 지배당하기 위해서가 아니라 재산들, 부모들, 아이들, 심지어는 자기만의 삶을 버리고 학대당하게 되는 이것은 무엇이란 말이냐? 군인들에 의해서도 아니고, 자기 피와 목숨을 지키기 위해 맞서야 할 야만의 군대에 의해서도 아니고, 헤라클레스나 솔로몬 같은 자도 아닌 단 한 사람에 의해서, 많은 경우 그 나라에서 가장 비열하고 가장 유약하며, 전쟁의 화약을 결코 마셔보지도 않고, 결투의 모래바닥을 조금도 밟아본 적도 없는, 사람들을 지휘하는 데뿐만 아니라 가장 가냘픈 여인네마저도 만족시킬 능력이 없는 인간 같지도 않은 한 사람에 의해서 탈취와 방탕과 잔혹함을 겪게 되는 이것은 무엇이란 말이냐?[23] 이것을 우리는 비열함이라고 불러

● ●

22. "불행한 악덕(malheureux vice)"이라는 표현은 앞에서 지적한 바와 같이 라 보에시의 목적이 정치체제가 아닌 도덕적이고 정신적인 측면, 즉 윤리의 문제를 다루는 데 있다는 것을 암시한다. 그는 악덕을 자유에 대한 의지를 잃어버리고 자발적으로 복종하게 만드는 원인으로 정의한다. 자발적 복종은 인간이 자연적으로 가지고 태어난 최초의 미덕을 변질시키고 왜곡시킨 결과에 해당한다. 그래서 그는 '악덕'이라는 용어 앞에 "불행한"이라는 형용사를 덧붙이지 않을 수 없었다.

야 하는 것인가? 이 굴복하여 떠받드는 사람들을 비루하고 졸렬하다고 불러야 하는 것인가? 두 명, 세 명, 네 명이 한 사람으로부터 자신들을 지켜내지 못한다면 그것은 이상하긴 하지만 어쨌든 그럴 수 있다. 용기가 부족했다고 말하는 것이 맞을 수도 있다. 그런데 백 명, 천 명이 단 한 사람의 억압에 고통을 겪으면서도 그를 감히 비난하지 않으려 하고, 그런 것을 원하지 않는다면, 그런 행위를 비겁함이 아니라 오히려 멸시이고 경멸이라고 말해야 한단 말인가? 백 명, 천 명이 아니라 백 개의 나라, 천 개의 도시, 백 만의 사람들이 자기들을 종이나 노예로 취급하는 이 한 사람에게 달려들지 않는다면 이것을 무어라고 규정해야 한단 말인가? 이것도 비굴함 때문이라는 말인가? 그런데 모든 악덕에는 그것이 넘을 수 없는

• •

23. "탈취", "방탕", "잔혹함"과 같은 표현은 폭군의 형성이 '열정(passion)'과 밀접히 관련되어 있다는 점을 암시한다. 폭군은 감각이 예민한 인간이며 동물적인 만족을 추구하고 지혜를 거부한다. 그래서 이 자는 이성을 저버리게 만드는 향연 등을 민중을 지배하는 수단으로 기꺼이 사용하고, 민중 역시 이런 동물적인 쾌락을 굳이 거부하지 않는다. 즐거움은 민중이 선호하는 대상이기 때문이다. 이 점에서 열정의 지배를 받는 폭군과 감각적 쾌락을 쫓는 민중은 서로 유사한 속성을 공유하고 있다. 여기에서도 라 보에시가 정치체제의 형태가 아닌 정신적이고 도덕적인 측면에서 논의를 이끌어가려고 하고 있음을 확인할 수 있다.

경계가 있는 법이다. 두 사람, 심지어 열 사람은 한 사람을 진정 두려워할 수 있겠지만, 천 개의, 백만의, 수천의 도시가 단 한 명에 맞서서 자신을 지켜내지 않는다면 그것은 비겁함이 아니다. 어떤 자가 용맹하다고 해서 성벽을 혼자 기어 올라가 군대를 공격하고 왕국을 정복하지 않는 것처럼 비겁함은 그런 지경에까지 이르지 않는 법이다. 그렇다면 비겁함이라는 명칭 마저도 어울리지 않는, 더 이상 추한 그 어떤 이름도 붙일 수 없는, 자연이 부인否認하고, 언어가 명멸하길 거부하는 이것은 대체 얼마나 흉측한 악덕이란 말인가?[24]

무장한 오만 명의 군인들을 서로 대치시켜보자. 전열을 갖추게 해서 서로 치고받게 만들어보자. 자유로운 한쪽은 해방을 위해 싸우고, 다른 쪽은 자유를 빼앗기 위해 싸운다.

• •

24. 반복되는 의문문은 폭정에 대한 복종이 이루어지는 것을 "흉측한 (monstrueux)"이라는 말 이외에 다른 말로 설명할 수 없다는 것을 강조하기 위해 사용되었다. 이것은 라 보에시의 이 책이 홉스나 루소 그리고 칸트의 글처럼 정치적 담론의 분석적 속성이나 논리적 엄정성을 지니지 않는다는 것을 의미한다. '에세이'처럼 자유롭게 글을 쓰는 것, 그것은 라 보에시가 지향하는 '자유'의 이상에 부합하는 방식이다. 특히 "자연"과 "언어"를 동시에 사용함으로써 그는 자연의 원리를 거스르는 폭군과 민중의 자발적 복종을 다루는 자신의 글이 자연의 순리를 따르는 형세를 지닐 것임을 간접적으로 제시한다. 이 점에서 글의 목적과 글쓰기가 그에게서 일치한다고 말할 수 있다.

그대는 누구에게 승리를 약속할 것인가? 누가 가장 용맹하게 전투를 하게 될 것인가? 전투의 대가로 자유를 지켜내려고 희망하는 자들과 자신들이 가한 일격의 대가로 타인의 복종만을 기대하는 자들 중에서? 한쪽은 지나간 삶의 행복과 미래에 있을 그만큼의 행복에 대한 기대를 언제나 눈앞에 그려 보인다.[25] 그들은 전투의 시간을 견디는 것보다는 패배한 후에 자기 아이들과 모든 후손들이 견뎌야 할 것이 무엇인지를 더 생각한다. 그러나 다른 쪽에게는 위험에 봉착하게 되면 순식간에 무뎌지고야 마는 탐욕이라는 작은 바늘 말고는 다른 자극제가 없다. 그들의 열정은 첫 번째 상처에서 흘러나오는 피 속에서 꺼져버린다. 그리스의 평안을 위해 그리고 온 세상의 모범이 되었던 그리스의 밀티아데스와 레오니다스, 테미스

· ·

25. 자유와 기억의 상관성에 대한 암시이다. 라 보에시에 따르면 기억은 자유를 보장하는 요소이며, 이것은 그가 이 작품에서 고대의 많은 일화들을 환기하는 이유이기도 하다. 어떤 면에서는 그가 기억의 글쓰기마저 지향한다고 말할 수 있을 정도이다. 라 보에시의 고대에 대한 언급이나 인용은 당시 인문주의자들의 대표적인 글쓰기 양상에 해당하지만, 그것을 현학주의에 기인하는 것으로 보기는 어렵다. 그가 고대 문헌을 직접 인용하는 경우는 거의 드물기 때문이다. 그는 기억에 의존한다. 즉 배워 익힌 고전을 지금의 상황에 대한 적절한 사례를 제공하기 위해 사용한다. 과거의 사건을 지금을 위한 자양분으로 삼는다. 그가 이 책에서 언급한 고대의 사례가 정확하지 않은 것도 이런 이유에 기인한다.

토클레스의 저 유명한 전투는 이천 년 전에 벌어졌지만 오늘날까지도 여전히 책과 사람들의 기억 속에 너무도 생생하게 남아 있어서 마치 어제 일어난 일인 것처럼 보인다. 얼마 되지도 않는 그리스인들에게, 물리적 힘이 아니라 바다마저도 넘쳐나게 했던 수많은 함대들의 세력을 버티게 해주었고, 만약 패배하게 되면 자기네 장군들을 바치지도 못할 정도로 그 수가 엄청났던 나라들을 물리친 저 용기를 준 것은 대체 무엇이란 말이냐? 영광스러운 그 날에 벌어진 것은 페르시아에 맞선 그리스의 전투가 아니라 지배에 맞선 자유, 탐욕[26]에 맞선 해방의 승리였다.

　자유를 지켜내는 사람들의 가슴 한 복판에 자유가 가져다준 용맹함에 대한 이야기를 듣는 것은 참으로 낯설기만 하다. 한 사람이 수십만의 사람들을 억압하고 그들에게서 자유를 약탈하는 일은 도처에서 그리고 매일같이 벌어진다. 그런 일을 소식으로만 듣고 보지 않게 된다면 누가 그 말을 믿을 수 있겠는가? 그리고 그런 일이 다른 나라 먼 땅에서만 일어날

26.　강제적 지배는 탐욕과 동일시된다. 탐욕은 자연이 금하는 7죄(교만, 인색, 질투, 분노, 음욕, 탐욕, 나태) 가운데 하나이다. 사실 7죄는 죄 자체가 아니라 그것이 초래하게 되는 부정한 행동을 문제 삼는다. 탐욕은 지배의 욕구를 조장하고 그것을 가능하게 만들기 때문에 죄악에 해당한다. 그것은 자연을 거스르는 죄악이다.

뿐이고, 그것이 우리에게 말로만 전해진다면 순전히 꾸며낸 이야기라고 누가 여기지 않겠는가?[27] 그런데 굳이 이 한 명의 폭군에 맞서 싸워서 그를 무너뜨릴 필요는 없다. 나라 전체가 그에 대한 복종에 동의consentement하지만 않는다면 그는 스스로 무너지게 된다.[28] 그에게서 무언가를 빼앗는 것이 중요한 것이 아니라 그에게 아무것도 주지 않는 것이 중요하다. 그가 나라에 해로운 어떤 일도 하지만 않는다면 그 나라는 스스로를 지키기 위해 무언가를 해야 하는 것은 아닐지 염려할 필요가 없다. 그러므로 자신을 내맡기는 자들은, 아니 오히려 스스로를 학대하는 자들은 민중이다. 떠받드는 것을 멈추기만 한다면 그들은 자유로울 수 있기 때문이다. 나서서 굴복하는 것도, 자신의 목을 따는 것도 민중이다. 복종할 것인지 자유로울 것인지를 선택할 수 있음에도 불구하고 그들은 자유를 물리치고 굴레를 찬다. 그들은 자신들의 불행에 동의하고, 아니 오히

• •

27. 의문문은 주장에 대한 관심과 주의를 불러오기 위해서 필요했다. 그렇지만 그것의 빈번한 사용은 글쓰기의 논리성과 엄정성을 훼손하는 역할도 한다. 그래서 작품에서 발견되는 의문문의 반복은 한편으로는 라 보에시의 글이 급하게 작성되었다는 인상을 충분히 갖게 만들 수 있다.

28. 민중의 "동의"가 폭군을 낳는다. 그들의 동의는 이성과 자연의 원칙에 의해 만들어진 것이 아니기 때문에 폭군의 지배를 가능하게 만든다.

려 그것을 추구한다. 자유를 되찾기 위해 그들이 무언가 대가를 치르려한다고 해도 나는 그들이 그렇게 하도록 부추기지 않을 것이다. 심지어 그들이 마음속에 가장 소중하게 지녀야 할 천부권天賦權, le droit naturel을 다시 회복하는 것, 달리 말해 짐승에서 인간으로 되는 것일지라도 말이다. 그러나 나는 그들에게서 어떤 커다란 단호함마저도 기대하지 않는다. 걱정 없이 살아간다는 불분명한 희망보다는 비참하게 살아간다는 어떤 알 수 없는 확신을 그들이 더 좋아한다는 것을 나는 인정한다.[29] 하지만 무어란 말인가! 자유를 갖기 위해서는

● ●

29. 일반적으로 민중은 라 보에시의 이 책에서 경멸적인 맥락 안에서 사용된다. 그것은 민중이 신중하지 못하고 잘못된 사례들을 추종하는 경향을 지니기 때문이다. 그래서 라 보에시는 자유의 획득을 위해 민중에게 기대를 걸지 않는다. 그가 보기에 민중은 자신들이 신뢰하고 따르는 자가 결국엔 자신들을 남용하게 될 것을 알지 못할 정도로 무지하다. 민중을 상대로 라 보에시는 자유의 획득을 위한 행동을 촉구하지 못한다. 물론 그는 권력에 대한 민중의 맹신이 자연적이라기보다는 문화적 결과에 의해 초래된 것을 인정한다. 민중은 정치적 삶에 참여한 적이 없기 때문이다. 판단력이 민중에게 결여되어 있다면, 그것은 그들이 인간을 만드는(former) 문화의 혜택을 받지 못했기 때문이다. 배우지 못했기 때문이다. 그들은 책을 통해 과거를 배우지 못하고, 따라서 미래를 계획하지도 못한다. 그들이 알고 있는 것은 바로 현재일 뿐이다. 이런 이유로 라 보에시는 역사적 인식을 갖지 못한 그들에게 자유로운 미래를 언급할 수 없었다. 따라서 라 보에시가 비판과 충고 그리고 조언과 각성을

그것을 바라는 것만으로도 충분하고, 단순히 의지만 필요한 것이라면, 간단히 원하는 것만으로도 그것을 얻을 수 있겠지만, 여전히 비싼 값을 치러야 한다고 여기는 나라가 세상에 널려 있지 않은가?[30] 피를 대가로 치루면서 다시 사야만 하는 이 행복, 잃어버리게 되면 모든 명예로운 자들을 쓰라린 삶에 처하고 죽음을 구원으로 여기게 만들고 마는 이 행복을 되찾으려는 의지를 그 누가 후회할 것이란 말인가? 분명 조그만 불꽃이 점점 커져서 장작을 넣으면 넣을수록 그것을 더욱 더 태워버리겠지만, 사람들이 물을 뿌려대지 않고 더 이상 장작을 대주지 않으면 스스로 타다가 꺼져서 불의 형태를 갖지 못하게 되고 마는 것처럼, 그렇게 폭군들은 더욱 약탈하고 요구할수록 더욱 짓밟고, 더욱 파괴할수록 사람들은 그들에게 점점 더 많은 것을 바치고, 점점 더 그들을 섬기게 된다.

• •

요구하는 대상은 이 책의 후반부에 등장하는 소수의 엘리트들이다. 이들은 인문주의가 소중한 것으로 간주하는 자유, 명예, 미덕을 사랑하는 자들이다. 그렇지만 라 보에시가 민중을 전적으로 비판하는 것으로 간주하기도 힘들다. 그는 민중이 이미 예속에 얽매여 극도의 고통을 받는 자들이라는 점을 인정하기 때문이다. 그에게는 민중에게 희망을 거는 것은 힘들다는 안타까움과 연민이 있다.

30. 마음만으로는 자유를 얻을 수 없으며 비싼 값을 동반하는 '행동'이 필요하다는 주장이다. 라 보에시의 글에서 자연과 자유, 이성과 용기 그리고 행동은 자유의 획득을 위해 서로 밀접한 관계를 맺는다.

그들은 그만큼 더 강해지고, 점점 더 거뜬하게 되살아나서 모든 것을 소멸시키고 모든 것을 파괴하기에 이른다. 그러나 사람들이 그들에게 아무것도 제공하지 않는다면, 사람들이 그들에게 복종하지 않는다면, 싸우거나 해치지 않고도, 나뭇가지로부터 진액과 영양분을 공급받지 못해 뿌리가 말라 비틀어 죽는 것처럼, 그들은 벌거숭이가 되어 무너지고, 더 이상 아무것도 아니게 된다.[31]

용감한 자들은 자신이 원하는 행복을 얻기 위해서라면 어떠한 위험도 두려워하지 않으며, 사려 깊은 자들은 어떠한 고통도 물리치지 않는다.[32] 비열한 자들과 둔감한 자들만이 고통을 견뎌내지도 행복을 되찾지도 못한다. 그들은 행복을 갈망하는 것에만 그치고, 자신들의 비열함으로 인해 행복을 요구했던

• •

31. 민중이 무언가를 제공하기 때문에 폭군이 존재한다는 이런 발언은 라 보에시의 글이 폭군이 아니라 민중을 대상으로 하고 있고, 민중의 잘못으로 인해 폭군이 존재하게 된다고 주장한다는 점에서 많은 논란을 불러일으킬 수 있다. 그러나 그의 글이 복종의 심리적 원인을 다루고 있다는 점을 고려할 필요가 있다. 한편 불이 꺼지는 것처럼 폭군도 자연스럽게 소멸할 것이라는 발언은 폭군이 자연을 거스르기 때문에 존재할 수 있다는 말이 되기도 한다.

32. 용맹함과 사려 깊음은 자연이 인간에게 부여한 천부적 속성에 해당한다. 폭군에게 결여되어 있는 미덕이다. 이것은 또한 라 보에시가 민중이 아니라 지식 엘리트들, 즉 교육을 받은 신중한 자(avisé)를 대상으로 이 글을 쓰고 있다는 복선이기도 하다.

힘[33]을 빼앗기게 된다. 그들에게는 단지 행복을 소유하려는 타고난 욕망만이 남아 있을 뿐이다.[34] 이런 욕망과 이런 의지는 현명한 자와 경솔한 자, 용감한 자와 비겁한 자 모두에게 있다. 그것들은 소유하게만 된다면 자신들을 행복하고 만족스럽게 만들 것이기 때문에 그들은 그것들을 소망한다. 그런데 왜 그런지는 알 수 없지만 인간들이 욕망하지 않는 단 하나의 것이 있다. 그것은 바로 지극히 위대하고 감미로운 자유이다. 그것이 상실되면 모든 악덕이 이어지고, 자유 뒤에 놓여 있던 다른 모든 행복들은 굴종으로 인해 썩어버려서 맛과 풍미를 완전히 잃어버리게 된다.[35] 오직 이 자유, 그것을 인간들만이 유일하게 소홀히 다루고 있는 것처럼 보인다. 왜냐하면 그것을 원하기만 하면 가질 수 있을 것이라고 생각한다는 것이 유일한 이유이기 때문이다. 이 소중한 것의 획득이 너무도 쉽기 때문에 굳이 얻으려고 하지 않는 것과도 같다.[36]

. .

33. "힘"의 원문은 "vertu"이다. 여기에서는 남성의 고유한 자질인 '힘'을 가리킨다. 그것은 더 이상 투쟁하지 않는 자들의 무기력과는 반대되는 개념, 즉 "비열함(lâcheté)"의 반대말로 사용되었다.

34. 굴복하는 가운데에서도 무언가를 얻고자 하는 욕망으로 인해 스스로 복종을 택하게 된다는 의미이다. 소유욕은 폭군을 낳는 원인 가운데 하나이다.

35. "맛"과 "풍미"에 대한 언급은 자유가 자연이 만들어낸 산물이라는 점을 암시하기 위해 사용되었다.

36. 라 보에시가 언급하는 자유는 우리가 일반적으로 이해하는 자유, 일반 개인이 누리는 자유를 가리키지 않는다. 그의 자유는 도덕과 연관되어 있다. 그는 성 아우구스티누스의 『신의 도시(*De Civitate Dei*)』 19권 15장을 참조한 것으로 보인다. 성 아우구스티누스는 '자연적 자유(la liberté naturelle)'를 분석하면서 자연의 차원에서는 인간을 대상으로 하는 어떤 형태의 지배도 용인될 수 없다고 지적한다. 만약 복종의 예외가 있다면 남편과 아내의 경우, 부모와 자식의 경우, 주인과 노예의 경우에만 해당한다. 자유는 상호 보조를 위한 것이지 지배를 위해 존재하는 것은 아니기 때문이다. 따라서 라 보에시는 인간 사이의 연대(solidarité)를 가능하게 해주는 유일한 것이 자유라고 파악한다. 인간들 사이에 차이가 있다는 것을 인정하더라도, 그 차이가 약자에 대한 강자의 억압을 용인하는 자유가 되어서는 안 된다는 것이다. 강자의 역할은 약자가 필요로 하는 '도움(aide)'을 주는 데에만 있을 뿐이다. 그런데 성 아우구스티누스는 인간의 원죄 이후에 이런 이상적인 관계의 성립이 어려워졌다고 언급하면서, 신성법을 따르는 자연법이 여전히 인간의 마음 안에 남아 있기 때문에 지배를 원하는 통치자는 신을 인정하고 그의 말씀을 따르는 이성에 의지해야 한다고 언급한다. 라 보에시 역시 폭군의 비이성적 측면을 비판한다. 원죄를 지은 인간이 더 이상 신의 말씀을 따르지 않게 되고 나서 인간은 사회적 상호성보다는 자신만의 이익을 추구하게 되었다는 것이다. 특히 폭군은 신의 도덕을 버리고 자신의 열정에 따라 지배하려고 하며, 피지배자들을 불가피한 사회조직체로 만들어버렸다. 이 점에서 피지배자인 인간들 역시 자유로울 수 없다. 그들도 원죄 이후에 도덕을 버리면서 이런 폭정의 형성에 나름대로 기여했기 때문이다. 각자 자신의 이득만 챙기려했기 때문에 폭군은 자신의 이득을 위해 지배를 하고, 민중은 자신의 이득을 이 폭정에서 얻기를 원하기 때문에 폭군을 인정하게 된다. 자신의 사랑만을 위해 존재하게 된 이상, 승리자와 패배자, 폭군과 노예가 존재하지

않을 수 없게 된 것이다. 모두가 세속적인 가치만을 추구하기 때문에 어느 누구도 잘못에서 자유롭다고 말할 수 없게 된 것이다. 자연 상태를 신의 이성에 따르는 상태로 보는 라 보에시에 따르면 신성을 따를 힘이나 권리도 갖지 못하게 된 인간이 '자연에서 벗어나게 된(dénaturé)' 것은 당연하다. 인간은 최초의 상태에서 버림받은 것이다. 인간은 자연적 상태의 조화로운 상호관계를 더 이상 이루지 못하게 되었다. 폭군의 잘못은 그가 이런 최초의 상태로 귀환하지 못하게 된 인간들을 욕망의 세계로 이끌고 갔다는 데 있으며, 민중의 잘못은 폭군이 제시하는 허위와 가식 앞에서 자신만의 이익을 추구하다보니 폭정에 무감각해져 버렸다는 데 있다. 민중의 탐욕은 자신의 굴종을 굴종으로 인식하지 못하면서 자발적 복종을 확산시킨 동인이 된다. 이 점에서 라 보에시가 이 책의 후반부에서 요구할 자유는 현대적 의미의 자유가 아닌 최초의 상태를 기억하고 그것을 회복하려는 의지(volonté)에 기반을 둔 자유이다. 즉 '의지적 자유(la liberté volontaire)'에 해당한다. 인간은 최초의 자연적 상태를 지향하는 의지를 지니고서 자유를 추구해야 한다. 따라서 '자발적 복종'은 거부의 대상이 될 수밖에 없다. 그리고 이런 측면에서 라 보에시가 민중을 맹목적으로 위한다고 말하기는 힘들다. 오히려 그는 민중을 비판하면서 민중의 선한 의지를 촉구한다. 이 문장의 바로 뒤에서 그가 "넋 빠진(insensé)"이라는 표현을 사용한 것은 도덕적 이성을 상실한 인간의 상태를 지적하기 위해서였다. 그가 생각하는 자유가 의지를 지닌 개인이 서로를 도우면서 도덕적인 공동체를 지향하기 위해 필요한 것이라면, 그것은 모든 인간이 태어날 때부터 가진 자유가 아닌, 그런 자유를 상실했다는 것을 인식하고 그것을 회복하기 위한 의지에 기반을 둔 자유, 즉 '도덕적 자유(la liberté morale)'에 해당한다. 이것이 도덕적으로 올바른 정치와 사회 안에서의 인간 공동체를 보장할 수 있다. 이런 점에서 이 책이 부정한 체제에 맞서 항거를 촉구한다는 기존의 해석에는 비참하고 가련한 넋 빠진insensé 민중들이여, 고집스럽게 고통을 받으려 하고 행복에 눈을 감아버린 자들이여! 그대들이 벌어들인 가장 아름답고 가장 찬란한 수입이 눈앞에서 날아가 버리고, 그대들의 논밭이 강탈당하고, 선조들의 오래된 가구들이 들어찬 집들이 약탈당하게 방치하고 말았으니, 더 이상 가진 것이 하나도 없게 될 정도로 그렇게 그대들은 살아가고 있다.[37] 그대들은 재산과 가족 그리고 생명의 반절만을 손에 넣게 되어도 그것을 커다란 행복으로 여기는 것 같다.[38] 그런데

문제가 있다. 라 보에시는 체제의 전복을 궁극적 목적으로 삼는 혁명가가 아니다. 신의 질서 안에서 각자가 자신의 자연적 상태를 유지해야 한다는 입장을 견지하기 때문이다. 물론 그는 성 아우구스티누스와는 다른 관점을 드러낸다. '신의 도시'에 비해 '지상의 도시'는 성 아우구스티누스에게서는 타락한 도시로 결정되어 있었지만, 라 보에시는 이런 '신의 도시'가 '지상의 도시'에서 이성에 따른 자유의지에 의해 실현되어야한다는 도덕적이면서도 동시에 정치적인 관점을 유지하기 때문이다.

37. "선조들의 오래된 가구들"이라는 표현을 사용한 것은 자유가 과거를 기억하는 데 있다는 것을 암시하기 위해서이다. 폭군은 이런 기억을 제거하는 자이다.

38. 폭군은 개인적인 물질적 이득을 취하는 자이고, 민중 역시 이런 이득을 얻으려한다. 민중은 복종을 하는 가운데 이득을 취하는 것을 지향하고 그것에 만족하려는 성향을 지닌다. 이득을 추구한다는 점에서 이것은 폭군의 성질이기도 하다. 물질에서 정신적인 만족을 찾기 때문에 민중과 폭군은 분리될 수 없다. 따라서 폭군이 민중의 물질적 욕구를 만족시켜 줄수록 폭군의 횡포는 더욱 강화되

이 모든 손실, 이 불행, 이 탕진은 다수의 원수怨讐들에 의해 그대에게 닥치는 것이 아니다. 그렇다, 그것은 분명 바로 한 명의 원수에 기인하는 것이니, 그대들은 그를 지금도 그렇게 위대하게 만들고 있고, 그를 위해 그토록 용감하게 전쟁터로 나가고, 그의 영광을 위해 죽음에 자신을 내맡기는 것을 거부 하지 않는다. 그대들을 지배하는 이 자에게는 도시의 수없이 많은 거주민들 중 가장 미천한 자가 가진 것보다도 더하지도 않은, 눈도 두 개, 손도 두 개, 하나의 몸만 있을 뿐이다. 그가 더 많이 가진 것이 있다면 그것은 그대들을 파괴하도록 그대들 이 그에게 제공해준 것이다. 만약 그대들이 그에게 준 것이 아니라면 대체 어디서 그가 그대들을 감시하는 저 모든 눈들을 가져왔단 말인가? 그가 그대들로부터 취한 것이 아니라면 그대들을 후려치는 저 수많은 손들을 그가 대체 어떻게 가지게 되었단 말인가? 그대들의 도시를 짓이기는 저 발들이 그대들 의 것이 아니라면 대체 어디에서 그가 그것들을 얻었단 말인 가? 그대들 덕분이 아니라면 어떻게 그가 그대들을 지배할

. .

고, 이익을 맛본 민중은 이것을 거부하지 않게 된다. 라 보에시에서는 민중의 이런 무감각을 비난하지도, 혹은 그들의 완전한 수동성을 거부하지도 않는다. 그가 지적하는 민중의 오류는 물질적 욕구를 만족시키기 위해 부당한 체제를 지지하는 성향이다. 그래서 자발적 복종이 언제나 폭정을 가능하게 만드는 주 동인이다.

수 있단 말인가? 그대들이 그와 공모한 것이 아니라면 어떻게 그가 그대들을 공격할 수 있겠는가? 그대들을 약탈하는 도둑을 숨겨준 자가 그대들이 아니라면, 그대들의 목숨을 앗아가는 살인자와 공모하고, 그대들 스스로를 배반하게 만든 자가 그대들이 아니라면, 그가 그대들에게 어떻게 해를 끼칠 수 있겠는가? 그대들은 그가 논밭을 황폐하게 만들라고 씨앗을 뿌린다. 도둑에게 내주기 위해 집에 가구를 가득 들여 채운다. 그가 자신의 음욕을 해소할 수 있도록 그대들은 딸들을 키운다. 그대들의 아이들을 한창 나이일 때 군인으로 삼아 전쟁터로, 살육장으로 데려가도록, 그들을 탐욕과 복수의 집행자로 만들기 위해 그대들은 아이들을 양육한다. 그가 향락 속에서 멋지게 보이도록, 그가 더러운 쾌락 속에서 즐거워하도록 그대들은 죽어라고 자신을 소진시킨다. 그를 더욱 강하게 만들기 위해, 그가 좀 더 짧은 줄로 강하게 힘을 주어 목을 조여낼 수 있도록 하기 위해 그대들은 스스로를 나약하게 만든다. 짐승들마저도 느끼게 된다면 견뎌내지 못할[39] 수많은 비열함으로부터 자신들을 구해내려는 시도가 아니더라도 단지 벗어나길 원하기만 해도 그대들은 스스로를 구해낼 수 있을 것인데 말이다. 더

* *
39.   이 표현은 폭군이 자연을 배반한다는 것을 강조하기 위해 사용되었다.

이상 복종하지 않겠다고 결심하라.[40] 그러면 그대들은 자유로 워질 것이다! 그를 밀어붙여 일격을 가하라고 하기 보다는 더 이상 그를 지지하지 말 것을 나는 그대들에게 요구한다. 그러면 밑동이 뽑혀 제 무게에 짓눌려 무너지고야 마는 거대한 동상과도 같은 그를 그대들은 보게 될 것이다.

의사들은 나을 수 없는 상처들을 치료하려고 하지 말 것을 당연히 조언하는데, 오래 전부터 고통을 더 이상 느끼지도 못하고 고통을 전혀 인식하지도 못하는 — 이것은 그의 병이 치명적이기 때문인데 — 민중에게 이런 것을 가르치려고 한 다면 그것은 현명한 일이 아닐 것이다. 따라서 가능하다면 예속되어 있기를 바라는 이런 고집스런 의지가 어찌도 이렇게 깊숙이 뿌리를 내려서 자유에 대한 사랑조차도 자연스럽지 않다고 여길 정도가 되었는지를 이해하려고 시도해야 한다.

우선 자연이 우리에게 부여한 권리들과 함께 그리고 자연이

40. 라 보에시는 여기에서 자유에 대한 의지가 민중에게 중요하다는 점을 환기한다. 이런 표현은 민중에게 기대를 걸지 않겠다는 앞의 발언과 모순이 된다. 그러나 그것은 한편으로는 민중에게 기대를 걸고 싶은 마음이 있고, 민중의 편에 서고 싶지만, 민중의 속성이 그것을 불가능하게 만든다는 판단이 그에게 있다는 것을 암시한다. 그에게 민중에 대한 희망과 사랑이 없다고 말할 수는 없는 것이다. 다만 민중의 현실이 그것을 가로막고 있는 것이다.

우리에게 가르쳐준 규범들에 따라서 살고 있다면 우리는 자연
스럽게 그 누구의 노예도 되지 않으면서 이성의 주체들인
우리 부모들에게 복종하게 될 것이라는 것, 그것은 내가 보기
엔 의심의 대상이 되지 않는다. 모든 인간 각자는 그 누가
알려주지 않아도 자연적 성향에 따라 아버지와 어머니에게
복종하는 증인들이다.[41] 이성이 우리 안에 자연스럽게 타고난
것인지 아닌지를 알아보는 것 — 아카데미 지식인들에 의해
충분히 논의되었으며, 모든 철학 유파에 의해 토의된 문제
— 에 대해서라면, 지금의 내가 우리의 영혼 안에 이성의
자연스런 싹이 있다고 말하는 것이 잘못은 아닐 것이라고
생각한다.[42] 훌륭한 충고들과 적절한 사례들로 전개된 이 싹은

● ●

41. 자연에 따른 복종은 거부의 대상이 될 수 없다는 견해이다. 자연이
   부여한 것이기 때문이며, 가족에 대한 복종 그 자체는 바람직하다.
   그러나 라 보에시는 여기에 외부의 영향이 개입하면 자연스러움은
   파괴되고, 인간은 그것을 망각하게 된다고 파악한다. 여기에서
   자연이 인간에게 부여한 천부적 권한은 훼손되어서는 안 된다는
   근대적 사고를 발견할 수 있다.

42. 라 보에시는 앞에서 언급한 "천부권"을 통해 권리를 도덕론에
   속하는 것으로 고려한다. 이것은 로마법에 충실한 그의 입장을
   반영한다. 그는 자유를 권리로 간주한다. 자연권이라는 표현은
   아리스토텔레스가 『수사학』(I, 13, 1373b 4-17; I, 15, 1375a 27-b2)에
   서 사용한 것으로서, 키케로가 『법에 관하여(De legibus)』에서 사용
   한 자연법(loi naturelle)의 강제성과는 다른 의미를 지닌다. 아리스토

힘 있게 꽃을 피우지만, 반대로 악덕이 닥쳐오면 질식당해서 결실을 맺지 못하고 만다. 그러나 분명하고 명백한 것이 있다면 그것은 신의 사제이며 인간의 통치자인 자연이 우리 모두를 창조하였고, 마치 일종의 똑같은 틀 안에 우리를 부어 넣어 우리 모두가 평등하다는 것을, 아니 오히려 형제라는 것을 보여주려 했다는 것을 그 누구도 모르지 않는다는 점이다.[43]

• •

텔레스는 이것을 강제적인 법에 대항하는 수단으로 간주했다. 그러나 이 철학자는 노예 신분을 자연권으로 보았다. 이 점에서 아리스토텔레스는 인간은 이성에 의해 인도되며, 인간의 이성적 영혼은 신에 의해 도입되었다고 주장하면서 인간이 본성적으로 합리적이라는 스토아철학자들과 차이를 보인다. 또한 이런 스토아철학의 천부권에 대한 정의는 동물과 인간이 모두 자연권을 지니고 있다고 주장한 플라톤주의와도 차이를 보인다. 따라서 16세기 당시에 이에 관한 많은 논란이 있었다. 이런 이유로 라 보에시는 당시의 논쟁에서 벗어나 이 용어를 '권리'의 차원에서 해석하려고 한다. 그는 천부권이라는 용어를 사용하면서 자유는 자연스러운 것이고, 자발적 복종은 이치에 어긋난다는 점을 강조하길 바란다. 자연적 권리의 사용은 '인간으로 되돌아가는 것', 즉 폭정이 강요하는 동물성에서 벗어나 본래의 인간 자신과 일치하도록 허용한다. 그래서 그는 앞에서 "짐승에서 인간으로 되는 것"이라는 표현을 사용했다.

43. 라 보에시에 따르면 자연스러움은 신이 요구하는 질서이며, 신은 각각의 인간에게 그에 맞는 자리를 주었다. 따라서 그 자리에 불평등함이 있을지라도 강자에 의한 약자의 억압을 허용되어서는 안 된다. 인간은 각자 형제애를 지녀야 하는 것이다. 그가 자연을 "신의 사제(ministre de Dieu)"로 간주한 것은 이성을 윤리의 차원에서 고려하기 때문이다. 인간은 신이 부여한 육체가 같다는 점을

자연이 자신의 재능을 공평하게 나눠주면서 어떤 이에게는 다른 이들보다 더 많은 육체적 혹은 정신적 이점을 주었지만,[44] 자연은 우리를 전쟁터와 같은 이 세상에 갖다놓기를 원치 않았으며, 가장 약한 자들을 이 땅에서 학대하게 만들려고 숲속의 무장한 악당들과 같이 힘이 세고 교활한 자들을 여기에 보내지는 않았다. 오히려 어떤 이에게는 좀 더 큰 것을, 다른 이에게는 좀 더 작은 것을 나눠주면서, 자연은 형제애에게 자리를 마련해 주었고, 그들이 이 애정을 심지어 실천하기를 원하였다. 왜냐하면 어떤 이가 도움을 줄 수 있는 힘이 있다면 다른 이는 그것을 받을 필요가 있기 때문이다. 따라서 이

인정하고, 연대의 감정을 지녀야 하며, 신이 인간에게 서로 화합하도 록 '말'을 부여했다는 점을 인식해야 하는 것이다. 이런 관점은 에라스무스를 포함한 인문주의자들이 공유한 것이기도 하다. 자연 은 선한 것이며, 공격의 원천이 아니라 오히려 연대와 자애의 원천이 다. 따라서 자연은 신의 힘에 속한 것이고, 불평등을 치유하는 기능을 갖는다. 인간은 그 누구의 종으로 남을 수 없는 것이다.

44. 자연이 모든 인간을 공평하게 만들지는 않았다. 인간 사이에 우위가 있는 것은 역시 자연이 원한 것이지만 그것은 자연스러운 것에 해당한다. 그래서 인간사회는 자연스럽게 다양성을 갖게 되었다. 분열의 원인이 될 수도 있을 이런 다양함을 묶어줄 수 있는 것은 자유를 통한 '연대'이다. 다양성이 있는 것은 서로 분열하고 지배하 기 위해서가 아니라 연대하기 위해서라는 라 보에시의 관점을 읽을 수 있다. 그에 따르면 인간들은 서로의 생각을 나누고 서로의 의지를 공유해야 한다.

선하신 어머니[45]께서는 우리 모두에게 모든 땅을 주시어 머물게 했으며, 우리가 서로를 바라보고 마치 거울처럼 다른 이에게서 자신을 거의 알아보게 만들기 위해서[46] 그녀는 우리 모두를 같은 집에 머물게 하셨으며, 같은 틀을 사용해서 우리에게 형태를 주었다. 그녀는 우리가 서로 더 잘 만나고 형제같이 지내도록 만들기 위해서 그리고 서로의 생각을 소통하고 교환함으로써 우리 의지의 일치를 만들어내기 위해서 우리에게 목소리와 말이라는 멋진 선물을 주었으며, 그녀는 모든 수단을 동원해서 우리 동맹의 매듭을, 우리 공동체의 매듭을 만들어서 단단하게 조이려고 했으며, 그녀는 우리가 서로 결합하는 것뿐만 아니라 단 하나의 존재이길 원했다는 것을 모든 측면에서 우리에게 보여주었다. 우리가 자유롭지 않게 태어났다는 것을, 우리 모두가 동지compagnons라는 것을 하등 의심해서는 안 된다.[47] 누군가에게 복종하도록 자연이 우리를

45. 자연은 신에 의해 탄생한 선한 어머니라는 비유는 자연과 선의가 항상 같으며, 자연에 의해서 인간은 내면에 자연성을 타고 태어났다는 것을 강조하기 위해서이다.

46. 타자에게서 자아를 발견한다는 타자관을 읽을 수 있다. 매우 혁신적이고 현대적인 관점이다. 자아와 타자가 분리된 것이 아니라, 자아 안에 타자가 있고, 타자 안에 자아가 있으며, 자아는 타자를 통해 형성된다는 이런 인식은 자아와 타자의 단절을 부인한다. 동시에 서로 연대를 해야만 하는 이유이기도 하다.

만들었다는 생각을 그 누구도 가져서는 안 된다. 자연은 우리 모두를 상호동맹en compagnie하게 만들었다.

그런데 사실 자유가 천부적인 것인지 아닌지에 대해 논의하는 것은 진정 쓸데없는 짓이다. 자연에 반反하지 않고서는 그 누구라도 사람들을 예속에 붙잡아둘 수는 없기 때문이다. 아주 이성적인 자연에 반할 수 있는 것이라곤 부정함injustice을 제외하고는 그 무엇도 이 세상에 없다. 따라서 자유는 자연스러운 것이다. 바로 이런 이유로 우리는 자유와 함께 태어났을 뿐만 아니라 자유를 지킬 열정을 가지고 태어났다는 것이 나의 생각이다.[48] 그리고 만약 여전히 이것을 의심하는 사람들이 ― 자신들의 재능이나 타고난 열정을 알아보지 못할 정도로 퇴락하고만[49] ― 혹시나 있다면 그들이 그럴 자격이 있노

47. 인간의 이성은 자유와 연대를 위해 필요하다는 관점이다. 인간이 이성을 가지고 있다면 각자는 독립적이면서도 상호성을 지니게 된다. 이성과 자유는 한 몸이다. 만약 인간이 복종에 길들여지고, 군주가 폭정을 행사한다면 그것은 모두 자연성을 훼손하는 행위에 해당한다.

48. 의지와 행동은 자연의 범주 안에 위치한다. 의지가 행동으로 연계될 때 자연과 함께 태어난 자유가 실현될 수 있다는 것이 라 보에시의 생각이다.

49. 자유와 함께 태어났다는 것을 인식하지 못할 정도로 우둔하고 넋이 나간 자는 민중이라는 발언은 민중이 자연이 부여한 권리를 인식하도록 이끌 수 있는 배움의 중요성을 간접적으로 강조하기

라고 높이 평가해주어야 할 것이며, 그들에게 그들의 본성과 타고난 조건을 가르쳐주기 위해서는 소위 들짐승들을 설교단에 오르게 해야만 할 것이다. 짐승들은, 신께서 만약 허락해주신다면, 인간들에게 다음과 같이 외칠 것이다. "자유 만세!"라고. 짐승들 상당수가 잡히자마자 죽어버리는 것처럼 물고기는 물에서 나오자마자 목숨을 버리며, 타고난 자유를 벗어난 채로는 추호도 살아남지 않기 위해 스스로 목숨을 던진다. 만약 짐승들 사이에 우위가 있다면 그들은 이런 자유로 자기들을 고귀한 존재로 만들 것이다. 가장 큰 짐승들에서 가장 작은 짐승들에 이르기까지 사람들에게 사로잡히면 그놈들은 발톱으로, 뿔로, 부리로, 발로 크게 저항하면서 잃어버리게 될 것에 대해 자기들이 얼마나 많은 가치를 부여했는지를 드러낸다.[50]

일단 사로잡히게 되면 짐승들은 자기네 불행을 잘 알고 있다는 명백한 증거를 우리에게 보여준다. 목숨을 부지하기보다는 목숨을 버리고, 종속從屬에 만족하기보다는 오히려 잃어

• •

위해 필요했다.

50. 동물에 대한 언급은 자유가 자연적 산물임을 강조하기 위해서이다. 짐승들마저도 민중에게 없는 인식의 능력이 있다는 과장법이 사용되었으며, 조롱의 어조가 엿보인다.

버린 행복에 신음하는 짐승들을 흔히 보게 된다. 코끼리와 같은 다른 짐승은 또 어떠한가? 끝까지 자신을 지키려고 했지만 더 이상 희망이 사라지게 되면 사로잡히는 바로 그 순간에 코끼리는 턱을 처박고 나무에 이빨을 부딪쳐 부러뜨리며, 만약 그렇게 하지 못하게 된다면 자유롭게 되기를 바라는 커다란 욕망을 가지고 사냥꾼과 거래할 생각, 즉 이빨 값을 치루고 자유롭게 될 수 있을 것인지를, 상아를 담보로 자유를 사게 될 수 있을 것인지를 생각한다.[51] 우리는 말이 태어나면 복종에 길이 들도록 어루만진다. 말을 길들이려는 우리의 부드러운 손길은 말이 굴레를 물어뜯고 뒷발질하는 것을 가로막지 못한다. 말은 그런 것을 통해 제가 원해서가 아니라 진정 우리가 강제하기 때문에 복종하게 된다는 것을 증명하려

• •

51. 코끼리에 대한 언급의 이유를 파악하기 위해서는 플리니우스의 『자연사(*Naturalis historia*)』 8권이 도움이 된다. 플리니우스에 따르면 "코끼리는 가장 큰 육지동물이고, 정신적인 면에서는 인간과 가장 가까운" 동물이다. 그리고 "코끼리는 태어난 땅의 언어를 인지하고, 질서를 따르며, 배운 것을 기억하고, 사랑의 열정과 명예를 쫓는 야망을 경험할 수 있으며, 고결함과 신중함, 공평함과 같이 인간에게 드문 덕성까지도 실천한다. 또한 별과 해와 달에 종교적인 경배를 바치기도 한다. [⋯] 인간은 가까운 이웃이자, 정신적인 면에서 인간에게 모델이 될 수 있는 코끼리에게서 위안을 받을 수도 있다."

는 것 같다.[52] 또 무엇이 있던가?

심지어 굴레를 찬 소도 신음하고,

새들도 새장 안에서 탄식을 한다.[53]

나는 예전에 이것을 프랑스어로 된 시로 쓰면서 이렇게
말한 바 있다.[54] 오, 롱가Longa여,[55] 그대에게 읽어준 적이 없는

· ·

52. 루소는 『인간 불평등 기원론』 1부를 작성하며 이 구절을 참조했다.
인간의 '본성'에 관한 인식을 포함하는 '인간론(la théorie de l'homme)'
의 차원에서 루소는 인간의 자연적 본성을 왜곡하고 훼손시킨
원인과 조건을 파악하려고 했으며, 이 점에서 그는 라 보에시와
관점을 공유한다.

53. 라 보에시가 짐승들마저도 자유를 빼앗기에 되면 이에 저항한다고
지적하는 것은 스스로 복종을 구하는 인간의 어리석음을 비판하기
위해서이다. 그런데 이런 그의 발언은 앞의 내용과 비교하면 모순이
다. 앞에서 그는 스토아학파의 입장을 따르면서 인간의 이성과
자유를 연계시킨 바 있다. 그런데 이 문단에서 그는 짐승에게도
자유의 의지가 있다는 것을 언급함으로써 플라톤주의자들의 의견
역시 따르고 있다. "자유가 천부적인 것인지에 대해 논의하는 것은
진정 쓸데없는 짓이다'라는 그의 말대로 이에 대한 논쟁은 아카데미
인문학자들의 몫이기에 논쟁 자체에 대해 그가 큰 신경을 쓰고
있지 않다고 말할 수 있다. 다만 그가 앞의 주장과 모순되는 발언을
하는 것은 이성을 갖지 못한 짐승들도 복종에 저항하는데, 이성을
가진 인간이 복종을 견디는 것은 자연의 원리를 배반하는 행위라는
점을 강조하려는 의도에 따른 것으로 보인다.

이 시를 옮겨 써서 삽입하는 것을 추호도 염려하지는 않겠다. 그대는 이 시에 만족할 것이고, 나에게 칭송을 해줄 것 같기 때문이다. 자 그러니, 감정을 지닌 모든 생명체는 예속의 불행을 느끼고 있으며 자유를 찾아서 달려간다. 심지어 인간에게 도움을 주기 위해 태어난 짐승들은 반항의 욕망을 가지고 저항을 한 후에야 비로소 예속을 따를 수밖에 없다. 그런데 대체 어떤 불행으로 인해 최초의 상태에 대한 기억과 그것을 되찾으려는 욕망을 상실하게 될 정도로 진정으로 자유롭게 살기 위해 태어난 유일한 종족인 인간은 변질되었단 말인가?[56]

세 종류의 폭군이 있다. 하나는 민중들의 선거에 의해, 다른 하나는 군대의 무력으로, 또 다른 하나는 혈통을 물려받아 지배한다. 전쟁을 벌일 수 있는 권리를 가지고 권력을 획득했

• •
54. 라 보에시는 29편의 소네트를 작성한 시인이기도 하다. 그러나 인용된 작품은 아직 발견되지 않았다.
55. 기욤 드 뤼르–롱가(Guillaume de Lur–Longa). 보르도 고등법원 판사였다. 라 보에시는 그의 판사직을 물려받았다.
56. 기억의 상실은 자연에 대한 위반이다. 자연은 시간을 인간에게 부여했는데, 인간은 최초의 자유를 누렸던 과거에 대한 기억을 상실하면서 시간의 연속성을 스스로 놓치고 말았다. 기억의 상실은 시간의 위배이기에 동시에 자연의 위배가 된다. 최초의 자유를 기억하지 못하는 자는 '역사적 인간, 즉 역사 안에 놓인 인간으로서의 자격을 지니지 못한 자와 다르지 않다.

던 자들은 우리가 잘 알고 있듯이 마치 정복한 나라에 있는 것(우리는 흔히 그런 얘기를 한다)마냥 행동한다. 일반적으로 보면 왕으로 태어난 이들은 결코 뛰어난 자들이 아니다. 폭정의 품 안에서 태어나고 성장한 그들은 폭군의 본성을 젖으로 빨아대고, 복종한 민중들을 마치 물려받은 종으로 간주하고, 지금도 그런 것처럼 탐욕스럽고 방탕한 그들은 지배하려는 성향에 따라서 왕국을 마치 자신들의 유산인 것처럼 사용한다. 민중으로부터 권력을 부여받은 폭군은 그래도 좀 견뎌볼 만한 자이고 또 그럴 수 있을 것 같긴 하지만, 만약 자신이 다른 사람들보다도 더 높은 곳에 있다는 것을 알게만 된다면 이 자는 사람들이 영광이라고 부르는 무언가에 우쭐해져서 그곳에서 한 치도 움직이지 않겠노라고 결심한다. 왜냐하면 그는 민중이 자신에게 맡겨둔 권력을 앞으로 제 아이들에게 양도될 것으로 거의 언제나 간주하기 때문이다. 그런데 이런 생각을 하게 되면 그들은 온갖 종류의 악덕, 심지어 잔인함에 있어서 다른 모든 폭군들을 능가하게 된다. 참으로 이상할 뿐이다. 그들은 새로운 폭정을 공고히 만들기 위해 복종을 강화하고, 자기 휘하에 있는 사람들의 정신이 자유를 낯설게 여기도록 만들어서 자유에 대한 생각이 비록 최근에 갖게 되었다고 하더라도 조만간 그들의 기억에서 금방 사라지게 만드는 것만을 최고의 수단으로 여긴다.[57] 그리하여 사실을 말하자면, 이런 폭군들 사이에는 약간의 차이가 있긴 하지만 선택을 하라고 한다면 어떤 것이 더 나은지 모르겠다. 왜냐하면 이들이 왕좌에 오르는 수단은 다양하지만 그들의 통치방식은 언제나 거의 동일하기 때문이다. 민중에 의해 선택된 자들은 민중을 마치 길들여야 하는 황소로 취급하고, 정복자들은 그들을 포로로, 계승자들은 그들을 처음부터 자기들에게 속한 노예로 간주한다.[58]

• •

57. 폭군과 기억의 상관성에 대한 언급이다. 폭군은 민중이 자유에 대한 기억을 갖지 못하게 만드는 자이다. 이 점에서 본다면 민중은 복종을 선택함으로써 폭군을 지지하게 되지만, 어떤 면에서는 폭군이 가하는 폭력에 의해 기억을 상실하게 된 피해자이기도 하다. 여기에서 라 보에시의 민중에 대한 관점이 그들의 모든 것을 비판하는 것이 아님을 확인할 수 있다. 다만 그들이 기억을 회복할 수 있는 능력을 이미 빼앗겼다는 점에서 복종에서 벗어나 자유를 선택하도록 그들을 권고할 수 없게 된 것이다. 라 보에시의 민중에 대한 관점은 그들이 희생자라는 점을 항상 고려하고 있다.

58. 폭군은 공공의 이익이 아닌 사적 이해를 지향한다. 폭군은 왕국 자체를 자기가 물려받은 것으로 간주한다. 즉 공공의 재산을 사적 재산으로 간주하고 공적인 재산의 주인을 자처한다. 그리고 개인적 성향에 따라서 법을 집행한다. 따라서 폭군의 몸(corps) 자체가 최고의 법이 되는 것이 당연한 것으로 간주된다. 한 개인으로서의 몸과 정치체제라는 몸 사이의 구분이 불가능해진다. 폭정은 한 개인이 자신의 개인적 힘을 물리적으로 사용해서 공공의 힘을 사유화하는 방식에 의해 형성된다.

만약 우연히 복종에 길들여지지 않고 자유를 갈망하지도 않으며 복종이나 자유라는 그런 말조차도 모르는 아주 새로운 사람들이 오늘 태어난다면, 그리고 그들에게 종이 될 것인지 자유롭게 살 것인지 어떤 것에 동의하는 지를 묻는다면 그들이 말할 나위도 없이 한 사람을 섬긴다는 것보다는 단 하나의 이성에 복종할 것을 훨씬 더 선호하게 될 것이라는 점은 의심의 여지가 없다.[59] 만약 그들이 욕구도 갖지 않고 억압이 없었는데도 폭군을 스스로 만들어버린 이스라엘 백성들[60]과 같지만 않다면 말이다. 나는 그들의 이야기를 읽을 때마다 그들에게 닥친 온갖 불행에 즐거워질 정도로 나를 그렇게 비인간적이게 만드는 극도의 분노를 느끼게 된다. 왜냐하면 모든 인간은

• •

59. 라 보에시는 명철한 이성만이 인간 본성에 깃들여 있는 자유에 대한 성향을 보게 하고 촉진시킬 수 있다고 판단한다. 이를 위해 그는 인간이 자신의 조건을 인식하고 그것을 비판적으로 바라보고 극복하는 노력을 해야 한다고도 생각한다. 인간의 해방은 인식의 문제 혹은 앎의 문제이기 때문이다. 이 책의 끝에서 라 보에시는 배움의 중요성을 다시 언급하게 된다. 교육을 받은 민중은 공동체 시민으로서의 자질을 비로소 갖추게 되기 때문이다.

60. 「사무엘」 1권 8절에 대한 암시이다. 라 보에시가 이 책에서 유일하게 성경을 암시한 부분이다. 라 보에시는 유대인들의 역사에 많은 관심을 가졌다. 몽테뉴가 부친에게 보낸 편지에 따르면 라 보에시는 자신이 가톨릭 신자이며, 모세가 이집트에 심어 놓은 종교 하에서 죽을 것이라고 말했다고 한다.

인간적인 것을 갖고 있는 한, 복종에 자신을 내맡기기 위해서는 다음 중에서 하나가 필요하다. 복종을 강제당하던가, 아니면 속아 넘어가던가.[61] 스파르타나 아테네가 알렉산더 군대에 의해 그렇게 된 것처럼 외국 군대에 의해 억압을 당하던지, 아니면 예전에 페이시스트라토스Peisístratos[62]의 손아귀에 떨어진 아테네 정부가 그랬던 것처럼 과격파에 속아 넘어가던지 해야 한다. 그들은 속임을 당했기에 자유를 빈번히 상실하였지만, 타인에 의해 유혹을 당한 것이 아니라 오히려 스스로 속아 넘어가고 말았다. 그리하여 시칠리아 수도인 시라쿠사 ─ 오늘날 사라구스Saragousse라고 부른다고 사람들이 내게 알려주었다 ─ 의 백성들은 임박한 전쟁에 다급해지자 다가올 위험만을 생각하고는 폭군인 디오니시오스Dionysius 1세를 선출하여 그에게 군대 통솔권을 넘겨주고 말았다. 그들은 이 교활한 자가 적들보다는 조국의 사람들에 맞서서 승리를

· ·

61. 라 보에시의 인간 본성에 대한 양가적 입장이 발견된다. 그는 인간이 자연적으로 자유를 욕망하지만, 또한 자연적으로 복종도 원한다고 지적한다. 복종 자체는 인간의 자연적 성향이다. 문제는 복종이 강요나 속임수에 의해 이루어진다는 '방식'의 문제를 여전히 그는 염두에 두고 있다.

62. 페이시스트라토스는 고대 그리스 아테네의 정치가로서 쿠데타로 참주의 자리에 오른 뒤 농업 중심의 안정적인 정책을 폈으며 아테네 번영의 기반을 닦아 도시국가로서 아테네의 위상을 높였다.

거둔 것 마냥 의기양양하게 귀환해서 자신을 왕국 통솔권자, 나아가 폭군[63]으로 간주할 정도로 그렇게 그를 막강하게 만들고 말았다는 것을 알아차리지 못했다.[64]

사람들이 복종을 당하자마자 자유를 완전히 잊어버리고 그 자유를 다시 얻기 위해 깨어나는 것이 불가능하게 되는 것을 보는 일은 믿기지 않는 일이다. 나서서 섬기고, 그것도 기꺼이 섬기는 그들을 보고 있노라면 그들이 단지 자유를 잃은 것이 아니라 복종을 얻었다고 말해야 할지 모를 정도이다. 처음에는 힘에 의해 억압을 당해 굴복하는 것은 사실이지만, 그런 후에 사람들은 후회도 하지 않고[65] 복종하며, 자기네 선조들이 강제에 의해 어쩔 수 없이 해야만 했던 일을 자진해서 해낸다. 속박에서 태어나 복종에서 양육되고 키워진 인간들은

. .

63. 라 보에시는 군주와 폭군, 즉 왕권의 합법성과 권력 남용의 합법성 사이에는 큰 차이가 없다고 파악한다. 이 책에서 그는 가끔씩 군주와 폭군과 동일시한다. 권력의 형태가 아니라 권력이 발휘하는 기능을 기준으로 삼는 그에 따르면 군주는 권력을 어떻게 사용하느냐에 따라 폭군이 될 수도 있다.

64. 키케로가 『웅변가에 대하여』 2권 36장에서 "과거의 이야기는 시간의 증인이며, 진실의 빛이고, 기억의 생명이고, 삶의 주인이며, 과거에서 온 전령사이다"라고 말한 바 있는 것처럼, 라 보에시가 과거의 이야기를 환기하는 것은 현재 그리고 인간 모두에게 교훈을 주기 위한 지지대로 삼기 위해서이다.

65. 후회는 기억의 활동에서 나오는 행위이기 때문에 굳이 언급되었다.

더 이상 앞을 바라보지 않고 그렇게 태어난 상태 그대로 사는 것에 만족하고, 자신들이 찾아냈던 행복이나 권리가 아닌 다른 행복이나 권리를 추호도 생각하지 않는다. 그들은 자신들이 타고난 상태를 자연 상태로 간주한다.[66] 그러나 아무리 돈이 많고 무사태평한 인간이라도 자신이 상속의 모든 권한을 누릴 수 있는지 그리고 혹시 누군가가 자기나 자기 부모들에게 해가 되는 무언가를 시도하지는 않을지 살펴볼 생각으로 아버지의 재산 내역에 한 번이라도 시선을 두지 않는 그런 상속자는 없는 법이다. 그러나 모든 영역에 있어서 우리들에게 엄청난 힘을 발휘하는 관습은 무엇보다도 복종을 배우게 만드는 관습이며,[67] 독약에 길들여진 끝에 목숨을 잃었던 미트리다테스

• •

66. 자연이 부여한 상태가 아닌 복종 속에서 태어난 상태를 자연 상태로 간주하면서 인간은 자연의 이성을 배반한다. 복종의 상태에서 태어난 인간은 복종 자체를 자연적으로 간주하면서 그것을 벗어나려는 어떤 시도도 하지 않기 때문이다. 이런 인간은 비이성적이고 비자연적인 인간이며, 이성과 자연만이 보장할 수 있는 자유를 맛보지 못하는 비극에 빠지고 만다.

67. 관습(coutume)은 시간적인 개념과 분리될 수 없다. 관습은 반복적 지속의 의미를 내포하고 있기 때문이다. 그러므로 관습은 기억을 가로막는 힘에 해당한다. 관습을 언급하는 라 보에시에게서 자발적 복종의 이유를 원죄와 연관시키는 종교적 해석은 힘을 상실한다. 라 보에시 자신도 원죄를 언급하지는 않는다. 관습은 인간의 최초의 본성을 타락시키는 힘이다. 그것은 최초의 상태를 기억하지 못하게

Mithridates가 전해주고 있는 것처럼, 어떤 경우에도 복종의 독이 쓰디쓰다는 것을 알지 못한 채 그것을 자진해서 들이키도록 가르쳐주는 것보다 더 힘이 센 것은 없다.[68] 우리가 잘 태어났건 못 태어났건 간에 자연이 제가 원하는 곳으로 우리를 이끈다는 것은 의심의 여지가 없지만, 자연이 관습보다는 힘이 약하다는 것을 고백해야만 한다. 자연스러운 것은 진정 좋은 것이지만, 관리되지 않는다면 그것은 사라지고, 관습이 자연을 무시하고 제 맘대로 언제나 우리를 만들어간다. 자연이 우리에게 심어놓은 선의 종자들은 너무도 가늘고 연약해서

● ●

만든다. 이로 인해 개인은 최초의 자연적 상태로 되돌아가려는 어떤 시도도 하지 못하게 된다. 망각을 강요하는 관습은 폭군의 속성인 탐욕(avarice)에 해당한다. 만약 최초의 상태를 기억할 수 있는 자가 있다면 그것은 자유를 느끼고 맛볼 수 있는 자들이다. 이들만이 민중을 복종하게 만들고 폭군을 무력에 의지하게 만드는 관습의 메커니즘을 파괴할 수 있다. 라 보에시의 이런 관점은 인간의 본성이 정해지고 고정된 것이 아니라, 시간이 흐르면서 왜곡되고 타락될 수도 있으며, 그 반대도 가능하다는 관점에 기반을 둔다. 인간의 본성은 자유를 향해 무한히 확장할 가능성을 지닌다는 것이다. 그리고 이것은 인간의 위엄을 강조한 인문주의자들의 관점 이기도 하다. 인간의 본성은 진보하는 성향을 지니지만, 관습에 의해 본성이 제약을 받고 타락하게 된다면 그것만큼 인간의 권위를 파괴하는 것은 없다는 것이다.

68. 원문에서 라 보에시가 부정문을 반복하는 것은 관습의 힘이 막강하다는 것을 강조하기 위해서이다.

덤벼드는 관습과 약간만 부딪쳐도 버텨내지를 못한다. 선의 종자들은 관리되기가 쉽지 않아서 퇴화되고 심지어는 썩어나 간다. 있는 그대로 자라게 내버려두어서 종의 성질들을 보존하고 있는 과실나무들이 사람들이 접목하는 방식에 따라서[69] 본래의 성질들을 잃어버리고 본래의 것과는 다른 과일을 맺는 것과도 같다. 풀들은 고유한 특성과 성질 그리고 독특함을 지닌다. 그러나 성장기간, 열악한 기후, 토양 혹은 정원사의 손길이 상당 부분 그것들의 내적인 힘[70]을 자라나게도 하고 사라지게도 한다.[71] 우리가 어떤 지역에서 보았던 식물을 많은 경우 다른 지역에서는 발견할 수 없다. 아주 자유롭게 살고

••

69. "방식"에 따라서 종의 자유로운 성질의 보존 여부가 결정된다. 즉 형태가 아니라 다루는 방식이 중요하다. 라 보에시가 군주제나 공화제의 체제 형태에 관심을 두기보다는 그것의 운용방식, 즉 공공의 이익을 위하는가 여부에 관심을 갖는 이유이기도 하다.

70. "힘"은 "vertu"를 번역한 것이다. "vertu"는 아리스토텔레스의 『니코마코스 윤리학』에서 개진된 개념인 한 존재의 '타고난 자질'이라는 도덕적 의미도 지니고 있다. 철학적 맥락에서 사용된 것으로, 여기에서 민중의 영혼은 그 성향과 가꾸어지는 바에 따라서 서로 다른 형태를 갖게 되는 풀과 씨앗에 비교된다. 즉 일종의 '생성력(la puissance générative)'에 해당한다. 그것은 또한 비유적으로 사용되면 인간정신의 도덕적인 힘, 즉 선을 추구하는 성향과 관련된다.

71. 본래적 자유는 자연이 부여한 것이라는 관점을 강조하기 위해 라 보에시는 앞에서는 동물의 경우를 예로 들었고, 여기에서는 식물에 대해서 언급한다.

있기 때문에 최선을 다해 자유를 유지하고 보존한다는 것
이외에 다른 야망을 알지 못할 정도로 선천적으로 태어났고,
자유의 한 조각마저도 지상의 다른 어떤 행복과도 맞바꾸지
않을 정도로 요람에서부터 교육을 받고 배웠으며, 가장 미천한
자라도 왕이 되기를 원치 않을 정도로 그렇게 자유롭게 사는
이 소수의 사람들…… 즉 베네치아 사람들을 만나게 될 자가
있다고 하자.[72] 그리고 이들을 본 자가 "위대한 나으리Grand
Seigneur"라고 불리는 자가 소유한 영지로 가서 그곳에서 단지
그를 섬기기 위해서만 태어나고 그의 권력을 유지시켜주기
위해 자신들의 삶을 포기하는 그런 사람들을 보게 된다고
하자. 그는 이 두 부류의 민중이 같은 본성을 지니고 있다고
생각할 것인가? 오히려 사람들의 도시를 벗어나 동물들의
우리 안으로 들어왔다고 생각하지 않겠는가?

• •

72. 16세기 당시에 베네치아는 도덕적인 권력이 발휘되는 지역으로
간주되었다. 도덕과 완벽한 체제를 갖춘 베네치아에 대한 이런
신화적 관점은 피렌체의 군주제에 대립하는 인문주의자들이 만들
어낸 것이기도 하다. 베네치아에서는 민중의 힘에 토대를 둔 실질적
인 자유가 보장된다고 그들은 생각했다. 그래서 프랑스 외교관들과
정치인들은 베네치아를 공화정 혹은 의회민주주의의 이상으로
간주하기도 했다. 그러나 피렌체 출신의 마키아벨리는 『군주론』
12장에서 외국의 용병을 고용한 베네치아를 신랄하게 비판한 바
있다.

사람들에 따르면 스파르타의 입법자인 리쿠르구스Lykoúrgos 는 같은 배에서 태어나 같은 젖을 먹은 개 두 마리를 키웠다고 한다. 한 놈은 부엌에서 살을 찌웠고 다른 놈은 트럼펫과 뿔나팔 소리를 들으며 들판을 달리도록 길들여졌다고 한다. 스파르타인들에게 문화가 인간을 만든다는 것을 보여주길 원했던 그는 두 마리 개를 공공장소로 데려가 수프와 산토끼 사이에 풀어놓았다. 그랬더니 한 놈은 접시로 달려가고 다른 놈은 토끼를 쫓았다. 그는 사람들에게 보시오, 이놈들은 같은 배에서 태어났단 말이오! 라고 말했다고 한다.[73] 이 사람은 자신의 법과 통치를 통해 스파르타인들을 제대로 잘 가르치고 교육했다. 그래서 스파르타인 한 사람 한 사람은 법과 이성이 아니라면 다른 주인에게 복종하기보다는 오히려 수많은 죽음 을 선택할 정도였다.

나는 여기서 페르시아의 위대한 왕 크세르크세스Xerxes의

· ·
73. 문화는 배움을 기반으로 한다. 그것은 유지하고 경작하는 행위(cultver) 에 의해 만들어지는 것이다. 문화가 역사성 안에서 파악될 수 있는 것처럼 관습 역시 다르지 않다. 그러나 강제적 복종을 관습으로 인식하고 배움을 통해 그것이 잘못된 것임을 알 수 있는 기회를 잃어버린 자는 복종을 타고난 상태로 간주하는 오류를 범하게 된다. 그래서 공공의 이익을 위하는 정치는 교육의 힘을 통치를 위한 가장 중요한 대상으로 고려해야 한다.

총애를 받던 한 사람과 두 명의 스파르타인에 관계된 일화를 기꺼이 들려주고 싶다. 크세르크세스는 그리스 전체를 정복하려는 전쟁을 준비를 하면서 그리스의 여러 도시로 대신들을 파견하여 물과 땅을 요구하게 했다. 그것은 페르시아인들이 도시를 넘겨주기를 촉구하기 위해서 사용했던 방식이었다. 그런데 그는 스파르타와 아테네에는 한 사람도 보내지 않았다. 예전에 부친 다리우스Darius도 사신들을 그곳에 파견했지만, 스파르타인들과 아테네인들은 그들 몇몇을 해자該字에, 다른 이들은 우물에 던져버리면서 거기에 물과 땅이 있으니 퍼서 당신들 왕에게 가져가라고 말했다고 한다. 이들은 누군가가 몇 마디 말로라도 자신들의 자유를 공격하는 것을 견딜 수 없었던 것이다. 그러나 스파르타인들은 자기들이 그렇게 행동하는 것이 신들, 나아가 군사들의 신인 탈티비우스Talthybius[74]의 심기를 건드리는 것이라고 생각하게 되었다. 그래서 그들은 신들을 진정시키기 위해 크세르크세스에게 두 명의 시민을 보내 그가 그들을 마음대로 다루어서 아버지의 사신들이 당했던 죽음에 복수를 할 수 있게 해주었다. 스페르투스와 불리스라고 불리는 두 명의 스파르타인들이 자발적 희생자로 나섰다.

• •

74. 아가멤논의 수하에 있던 장군으로 트로이아 전쟁에 참가했다.

그들은 길을 떠났다. 그들은 해안을 끼고 있는 모든 소아시아 도시들의 총사령관인 지다르네스Gidames라는 이름을 지닌 한 페르시아인의 성에 도착하였다. 이 사람은 그들을 아주 정중하게 맞이하였고 큰 잔치를 벌여주었으며 조금씩 시간이 지난 후에 어째서 왕의 호의를 그렇게 강경하게 거부했는지를 물으면서 이렇게 말했다. "스파르타인들이여, 내가 치사를 받을 만한 행동을 한 자들을 왕이 어떻게 치하하는지 눈여겨보시오. 만약 그대들이 그의 신하라면, 그가 똑같이 이렇게 했을 것인지 생각해보시오. 만약 그대들이 그의 신하이고, 그가 당신들을 알았더라면 당신들 중에서 그리스 도시의 총독이 되지 못한 이는 없었을 것이오." 이에 스파르타인들은 다음과 같이 답했다. "지다르네스여, 이 점에서 그대는 우리에게 올바른 조언을 줄 수는 없을 것이오. 왜냐하면 우리에게 약속해주었던 행복을 그대가 주려고 할지라도 그대는 우리가 누리고 있는 것이 무엇인지 전혀 알지 못하기 때문이오. 그대는 왕의 호의를 경험했지만, 그대는 자유의 맛이 어떤지, 얼마나 달콤한지를 결코 알지 못하오. 그대가 그것을 맛보았더라면 그대는 우리에게 그것을 창과 방패뿐만 아니라 이와 손톱을 사용해서라도 지켜내라고 조언하게 될 것이오." 진실을 말한 자들은 스파르타인들 뿐이었다. 하지만 이들은 모두 자기들이 받은 교육에 따라서 그런 말을 했다. 왜냐하면 자유를 맛보았던 스파르타인들이 굴종을 견뎌내야 했던 것과 마찬가지로, 조금도 누려보지 못한 자유를 애석해하는 것이 이 페르시아인에게는 불가능했기 때문이다.

어린 시절의 우티카의 카토[75]는 엄한 스승 밑에서 공부했는데 가끔씩 폭군 술라Lucius Cornelius Sulla Felix를 만나러 가곤 했다. 그가 술라의 저택을 출입하는 것을 누구도 막지 못했다. 가족의 신분 덕분이기도 했고 혈연관계가 있었기 때문이기도 했다. 방문을 할 때마다 그는 로마 귀족자제들의 관습에 따라 가정교사와 함께 갔다. 어느 날 그는 술라의 면전에서 혹은 그의 명령에 따라서 사람들을 가두고 처벌하는 것을 저택 안에서 보게 되었다. 어떤 이는 추방되었고 어떤 이는 목 졸려 살해되었다. 사람들이 한 시민의 재산을 몰수하기를 요구했는가하면, 다른 이들은 그의 목을 내놓을 것을 주장했

· ·

75. 소 카토(Marcus Porcius Cato Uticensis)라고 불리기도 한다. 같은 이름을 가진 대 카토의 증손자이다. 로마공화정 말기의 정치인으로서 율리우스 카이사르와 대적하여 로마공화정을 수호한 것으로 유명하고, 스토아학파의 철학자이기도 하였다. 그는 당시 부패가 만연한 로마의 정치 상황에서 완고하고 청렴결백한 인물로 유명했다. 카토는 오랜 적이었던 카이사르에게 항복하지 않고 연회를 주최한 후에 플라톤의『파이드로스』를 읽으면서 스스로 배를 갈라 자살했다. 라 보에시가 언급한 일화의 카토는 당시 14세였다.

다. 요컨대 모든 일들이 마치 도시행정관이 아니라 폭군의 집에서 벌어지는 것 같았다. 정의가 집행되는 성소라기보다는 폭군의 소굴이었다. 이에 어린 카토는 스승에게 말했다. "제게 칼을 주지 않으시겠습니까? 옷 속에 숨기렵니다. 저는 가끔씩 술라가 잠자리에서 일어나기 전에 그의 방에 들어가곤 합니다. 이 도시를 해방시킬 만한 강한 팔이 제겐 있습니다." 카토가 한 말은 진정 이러했다. 이러한 삶의 시작은 그의 죽음에 걸맞다.[76] 카토가 누구인지 어떤 나라 사람인지 말하기보다는 단지 있었던 일만을 이야기해보자. 사실은 사실을 말한다. 그러면 사람들은 그가 자유로운 로마에서 태어난 로마인이었기 때문이라고 말하게 될 것이다.

　내가 이런 이야기를 하는 이유는 무엇인가? 분명 어떤 나라 어떤 지역에 속해있는지가 아무런 영향도 끼치지 않는다고 주장하는 것은 아니다. 왜냐하면 도처에서 그리고 모든 곳에서

· ·

76.　진정성이 있는 말(une parole franche)은 자유에 대한 인식에서 가능하다. 그것은 자연이 서로 소통하고 연대하기 위한 수단으로 인간에게 준 선물 가운데 하나이다. "이러한 삶의 시작은 그의 죽음에 걸맞다" 라는 표현을 통해 라 보에시는 행동의 중요성을 강조한다. 자유라는 것은 행동과 말에 충실하다는 것을 전제로 하기 때문이다. 따라서 말과 용기에서 나오는 행동이 자유로운 인간의 총체적 본성을 구성한다고 말할 수 있다.

예속은 사람들에게 쓰라린 것이며 자유는 감미로운 것이기 때문이다. 그렇지만 태어나면서부터 이미 목에 굴레를 찬 사람들에 대해서는 연민을 가져야만 한다. 그들이 자유의 그림자를 보지도 못했고 자유에 대해 말하는 것을 들어본 적도 없기 때문에 자기들이 노예가 되었다는 불행을 느끼게 되지 못한다고 할지라도, 그들을 용서해주고 혹은 용인해주어야만 할 것 같다.[77] 킴메르인들Cimmerien[78]에 대해 호메로스가 말했던 것처럼, 태양이 여기에서와는 다르게 떠오르는 나라들이 있다고 하자. 그곳에서 태양은 육 개월 연속으로 세상을 밝히지만, 나머지 육 개월 동안 사람들은 어둠 속에서 살아가야 한다. 이 긴 어둠의 기간 동안에 태어난 누군가가 빛에 대한 말을 들어본 적도 없고, 어둠에 익숙해져서 빛을 원하지 않게 되는 것에 놀라워해야만 하는 것인가? 한 번도 가져보지 못한 것을 추호도 아쉬워하지 않는 게 사람들이다. 고통은 기쁨 뒤에 오는 법이고, 언제나 불행을 인식하는 데에는 지나

..

77. 여기에서도 민중 자체를 비난하지 않는 라 보에시를 발견할 수 있다. 민중이 복종을 자연 상태로 간주한다고 해서 그것을 그들의 잘못으로 돌릴 수는 없다. 잘못은 그들을 그렇게 만들려는 폭군에게 있으며, 관습의 잘못된 역할도 그 원인이며, 잘 관리되지 못한 문화의 잘못도 있다.

78. 기원전 7-8세기에 코카서스 북쪽에 살고 있던 민족이다.

간 어떤 기쁨에 대한 추억이 연결되어 있기 마련이다. 인간의 본성은 자유롭게 되는 것이고 또 그렇게 되기를 원하는 것이지만, 교육이 그에게 그것을 부여하면 그것은 쉽게 다른 무늬를 띠게 된다. 그러니 이렇게 말해보자. 인간이 모든 것에 익숙해지면 모든 것은 자연스러운 것으로 여겨지는데, 그런데 인간의 본성에는 오직 단순하고도 변하지 않는 것들만을 욕망하는 성질이 있다. 그러므로 자발적 복종의 첫 번째 이유는 바로 관습이다. 고삐를 물어뜯다가도 그것을 즐기게 된 후에는, 예전에는 안장을 짊어지길 버티다가 이제는 나서서 마구를 걸치고 무장한 자신을 아주 당당하게 뽐내는 가장 용맹한 말들에게서 바로 이런 것을 볼 수 있다. 사람들은 언제나 자기들이 종으로 태어났으며 그들의 아버지들도 그렇게 살아갔다고 말한다. 그들은 고통을 견뎌야만 했다고 생각하고, 부모들의 사례에 납득을 당한 그들은 자신들에게 폭정을 행하는 자들이 누리는 강탈을 시간이 흐를수록 공고하게 만든다. 그러나 사실 시간이라는 것이 악을 저지를 권리를 부여하는 것은 아니다.[79] 시간은 부당함을 늘려간다. 다른 어떤 이들보다

· ·
79. 정치적 폭정이 자연을 거스른 한 형태라는 지적이 반복되고 있다. 군주의 형태나 존재 자체를 부인하기보다는 라 보에시는 자연적 권리를 파괴하는 군주를 겨냥한다. 이 점에서 그는 좋은 정치체제란

더 나은 상태로 태어난 자들,[80] 굴레의 무게를 느끼고 그것을 잡아당기는 것을 견딜 수 없으며, 복종에 결코 길들여지지도 않고, 땅에서나 바다에서나 제 집에서 피어오르는 연기를 보려고 했던 오디세우스처럼, 자신들의 타고난 권리와 자기 선조들 그리고 자신들의 최초의 상태를 잊지 않으려 하며, 매 순간마다 그것들을 열심히 요구하는 그런 자들은 항상 있는 법이다. 뚜렷한 지성과 명쾌한 정신을 지닌 이들은 무지한 자들처럼 뒤나 앞을 보지 않고, 또한 제 발밑만을 바라보는 데 만족하지 않는다. 그들은 지나간 일들을 다시 기억해내어

무엇인가를 다룬 플라톤이나 아리스토텔레스와는 다른 길을 선택했다고 말할 수 있다. 정치의 형식을 논하기보다는 폭군의 특성과 민중의 성향을 다루는 것이 그의 관심사이기 때문이다. 또한 그는 프랑수아 오트망(François Hotman)이나 장 보댕(Jean Bodin)과 같은 르네상스의 법률가들처럼 군주와 폭군을 구분하지도 않는다. 군주는 어느 때라도 폭군으로 변할 수 있다는 생각을 견지하기 때문이다. 모든 군주제는 한 사람에 의해 통치되기 때문에 언제든지 폭정으로 변할 수 있으며, 그 자체에 정치적 악을 지니고 있는 체제라는 것이다.

80. "더 나은 상태로 태어난 자들"의 원문은 "les mieux–nés"이다. 이들은 귀족신분으로서 교육을 받은 자이며, 군주의 통치를 돕는 자들을 가리킨다. 라 보에시가 이 책에서 말을 거는 자들이 바로 이들이다. 이들은 자발적 복종으로부터 민중이 벗어나게 만들 책임을 진 자들이다. 그러나 책의 후반부에서 그는 폭군에 기대어서 권력과 명예를 얻으려는 이들의 잘못 역시 혹독하게 비판한다.

현재를 판단하고 미래를 예견한다. 좋은 머리를 가지고 태어난 이들은 그 머리를 배움과 지식으로 더 세련되게 만든다. 자유가 이 세상에서 완전히 사라지고 소멸한다고 할지라도 이 사람들은 그것을 정신으로 상상하고 느끼면서 그것을 음미한다. 아무리 잘 치장된 복종이라도 그들에게는 혐오스러운 것이다. 투르크 제국의 황제는 그 어떤 것들보다도 책과 사상이 사람들에게 인간의 위엄에 대한 의식과 전제정치에 대한 증오를 부여한다는 점을 잘 간파하였다. 내가 알고 있기로는 그가 지배하는 땅에서 그의 증오를 받지 않은 학자들은 거의 없었다. 그런데 일반적으로 그 수가 얼마인지는 모르겠으나 학자들의 열의와 열정 그리고 자유에 대한 헌신들은 아무런 효과도 얻지 못했다. 서로 교류할 수 없었기 때문이다. 전제군주들은 그들에게서 행동하고 말하고 그리고 생각하는 자유를 상당 부분 박탈하였다. 그래서 그들 모두는 환상에 빠져버려 아주 이상하게 되고 말았다.[81] 불카누스가 인간을 만들면서 생각이 비춰질 수 있도록 마음속에 작은 창문을 내지 않았다는 말을 조롱의 신 모모스Momus[82]가 다시 해야만 했다면 그의

81.   라 보에시에 따르면 자유는 배움뿐만 아니라 서로의 지적 교류와
      협력에 의해서 가능하다. 배운 자들은 서로 교류해야 한다는 것이다.
82.   밤(Nyx)의 딸이며 조롱의 신이다.

조롱은 지나친 것이 아니었다.[83] 로마 혹은 전 세계를 해방시키려고 시도할 때의 브루투스Brutus와 카시우스Casius는 많은 대중의 열렬한 지지를 받는 키케로의 참여를 원하지 않았다. 키케로의 가슴이 그토록 위대한 일을 도모하기에는 연약하다고 판단했기 때문이다. 진정 그들은 그의 의지를 신뢰했지만 그의 용기는 아니었다.[84] 여하튼 지나간 시간을 상기하기를 바라고 연대기를 뒤적여보기를 바라는 자라면 그 수가 아무리 적다고 하여도 제 나라가, 그것도 사악한 권력에 의해 학대당하는 것을 보고 나라를 해방시킬 계획을 전적으로 그리고 올바른 좋은 의도에서 시도하여 언제나 쉽게 목적을 달성하게 된다는 것을 납득하지 못하는 자들은 전혀 없을 것이다. 자유는 자신을 드러내기 위해서라도 언제나 그들을 도우러 왔기

• •

83. 마음에 창문이 없어 서로의 생각을 읽을 수 없다는 것이 배운 자들 사이의 교류를 막는 원인이 된다는 차원에서 라 보에시는 모모스 신화를 언급한다.

84. 이들 세 명의 공모자들은 키케로에게서 의지와 말이 일치한다는 것을 인정하면서도 그것이 행동으로 이어질 것이라고 생각하지 않았다. 따라서 키케로는 진정한 자유의 이상을 실현한 자 혹은 자연을 따르는 자로 볼 수 없다. 자유로운 말은 천성에서 나오고, 그 천성 안에는 용기가 있다. 따라서 한 사람이 진정으로 자유롭게 말을 한다면, 그것은 어떤 '행동'으로 이어져야만 한다. 말과 자유로운 행동은 자연에 의해 맺어져 있는 요소들이다.

때문이다. 하르모디우스Harmodius, 아리스토게이톤Aristogeiton, 트라시블로스Thrasýbulos, 아버지 브루투스, 발레리우스Valerius Maximus, 그리고 디온Dion,[85] 그들은 언제나 용맹한[86] 계획을 구상하였고 그것을 성공적으로 실행에 옮겼다. 이 경우에 선한 의지는 운명을 약하게 만들지 않았다. 아들 브루투스와 카시우스는 굴종을 타파하는 데 성공했다. 그들은 자유를 되살리려고 애쓰면서 목숨을 잃었지만 비참하지는 않았다. 왜냐하면 살아 있을 때나 죽은 후에서나 그들에게서 보잘

• •

85. 하르모디우스, 아리스토게이톤은 페이시스트라토스를 암살하였으며, 트라시블로스는 409년 아테네에서 폭정을 제거하였고, 브루투스와 발레리우스는 공화정을 구축하였다. 디온이 시라쿠사의 폭군이 되었던 것은 시칠리아 전체에 자유를 부여하려고 했던 그의 정치가 매우 급진적이었기 때문이다. 후에 민중들에 의해 암살되었다.

86. "용맹한"은 "vertueusement"을 옮긴 것이다. 여기에서는 정신의 힘 혹은 용기를 뜻한다. 폭정에 맞서 싸우는 용기가 환기되고 있기 때문이다. 그리하여 "용맹한"은 뒤 이은 "성공적으로(heureusement)"와 결합하여 용기 있는 의도와 행동이 폭정에 맞서는 다수의 행복한 결과를 가져온다는 것을 환기시킨다. 따라서 용기는 "운명 (fortune)"의 도움을 얻어 한 사람이 아닌 다수의 행복이나 자유와 연계되는 속성이 된다. 이 점에서 라 보에시와 비르투(virtù)의 정치를 주장한 마키아벨리 사이에는 차이가 있다. 후자에게 있어서 '힘'이나 '용기'는 정치체제를 유지하고 권력을 지키는 데 필요한 군주의 덕목을 가리켰다면, 라 보에시에게 있어서 그것은 정치적 맥락을 넘어서 인간 본성과 관련된 자질로 간주된다.

것 없는 것을 감히 찾으려고 한 자는 없었기 때문이다. 그러나 매우 커다란 손실이었다. 불행을 영원한 것으로 만들었기 때문이고 공화정을 몰락시켰기 때문이다. 공화정은 내가 보기에 그들과 함께 땅에 묻히고 말았다.[87] 로마황제들에 대항했던 이후의 다른 시도들은 몇몇 야심꾼들의 공모였을 뿐이다. 그들이 자신들에게 닥친 실패와 불행한 종말을 아쉬워할 만한 이유는 없다. 그들은 권력의 전복을 원하기보다는 권력을 뒤흔들어 폭군을 몰아내는 척하면서 폭정을 유지하기를 바랐기 때문이다. 만약 이들이 성공을 거두었다면 나는 진정 분노

87. 라 보에시의 회의적 관점이 발견된다. 소수의 정의로운 자들마저도 행동의 결실을 맺지 못하게 될 만큼 폭군의 권력이 강하다고 판단하기 때문이다. 카이사르의 암살 이후에 폭도로 변한 시민들과 카이사르의 군병들은 암살자들을 위협했고 혼란을 틈타 권력을 장악한 마르쿠스 안토니우스는 암살자들과 타협했다. 암살의 주동자인 카시우스는 성난 민중을 피해 시리아 속주의 총독 자격으로 망명하듯 로마에서 도망갔다. 한편 로마에서는 카이사르의 후계자로 옥타비아누스가 부상하고 있었고 그는 안토니우스, 레피두스와 함께 제2차 삼두정치를 결성하고 카이사르 암살파에 대한 복수에 나섰다. 카시우스는 시리아에서 군사를 모집해 다르다넬스 해협을 건너 트라키아로 진격했다. 그는 브루투스와 함께 그리스에서 안토니우스−옥타비아누스 군을 맞아 싸울 준비를 했다. 기원전 42년 10월 마케도니아 동부 필리피 전투에서 카시우스는 안토니우스와 전투를 벌였으나 패하고 말았다. 브루투스는 옥타비아누스를 맞아 이겼지만 카시우스는 그 사실을 알지 못하고 절망한 채로 자살했다.

가 치밀어 올랐을 것이다. 사악한 행위를 위해 자유의 신성한 이름을 남용하지 말아야 한다고 그들이 몸소 사례로 보여주었다는 것에 나는 만족할 뿐이다.

맥락을 거의 벗어났던 본론으로 다시 돌아가자.[88] 인간이 자발적으로 복종하는 첫 번째 이유는 인간이 노예로 태어나고 그렇게 자라났다는 점이다. 이 첫 번째 이유에서 다른 이유가 초래되는데, 그것은 폭군의 통치를 받은 사람들이 쉽게 비겁해지고 연약해진다는 것이다. 나는 의학의 아버지인 위대한 히포크라테스가 『질병에 관하여』[89]라는 책에서 그것을 적절히 지적하였다는 것에 경탄을 금치 못하며[90] 감사를 드린다.

• •

88. 이런 표현은 자발적 복종의 첫 번째 이유가 바로 관습이라는 진실을 라 보에시 자신이 부단히 추구하고 있다는 암시에 해당한다. 그는 고대의 사례들에 대한 언급하면서 때로는 맥락을 벗어나지만 언제나 본래 하고자 했던 말로 되돌아가려고 시도한다. 글쓰기의 자유성과 일관성을 지향하는 그를 발견할 수 있다.

89. 라 보에시는 『질병에 관하여』와 『공기·물·흙에 관해서』를 혼동하고 있다.

90. 라 보에시가 이 표현을 사용한 것은 뒤에서 사용될 "솔직하게(franche-ment)"라는 표현과 함께 히포크라테스에게서 말과 글 그리고 행동은 일치했으며, 그것이 자유를 추구하는 그의 본성에서 나온 것임을 지적하기 위해서이다. 그는 진정성과 선의를 지닌 그의 삶 자체에 대해 경탄을 보낸다. 말과 행동 그리고 본성의 일치가 중요하다는 라 보에시의 관점이 발견된다.

이 사람은 진정[91] 고귀한 용기를 지녔었고, 페르시아 국왕이 그를 자기 곁에 두려고 많은 공물과 큰 선물들로 그를 유혹하려고 했을 때 그는 그런 용기를 보여주었다. 그는 페르시아 국왕에게 그리스인들을 죽이려고 하는 야만족을 치유하는 데 전념하게 되고, 자신의 의술로 그리스를 함락시키려 했던 자를 섬기게 될 것 같아 저어된다고 솔직하게 답변했다. 그가 쓴 서한을 오늘날에도 여전히 그의 다른 저작들 안에서 볼 수 있으며,[92] 그것들은 언제나 그의 용기와 고귀한 천성을 증명할 것이다. 그런데 자유를 잃으면 곧바로 용기를 잃게 되는 것은 분명하다. 굴복한 사람들에게는 전투에 대한 열정이나 투쟁정신이 결여되어 있다. 그들은 결박당한 자들처럼 그리고 마비된 자들처럼 복종의 의무를 힘겹게 다하면서 전쟁

• •

91. 이 부사를 통해 라 보에시는 히포크라테스를 진정성을 지닌 말 혹은 글을 쓴 자로 인정한다. 이 표현은 말의 진정성이 자유와 밀접한 관련이 있다는 것을 추호도 의심하지 않는 라 보에시의 관점을 대변한다. 또한 그것은 인간의 양심은 생각한 바를 그대로 충실하게 반영하는 말(parole)에 의해 구현된다는 인문주의자들의 관점을 그가 따르고 있다는 증거이기도 하다.

92. 자유의 추구에 있어서 기억의 중요성을 강조하는 라 보에시는 자신의 글 역시 기억에 근거하고 있다는 것을 암시함으로써 복종으로부터의 자유를 주장하는 자신의 글이 진정성을 지니고 있다는 것을 암시적으로 드러낸다.

터로 나가고, 위험을 경멸하게 만들고, 멋진 죽음으로 동료들로부터 명예와 영광을 얻으려는 욕망을 불어넣어 주는 자유에 대한 열정이 자신들의 심장 안에서 끓어오르는 것을 느끼지 않는다. 반대로 자유인은 모든 이를 위해 그리고 자신을 위해, 각자 전력을 다해, 그리고 죽을 때까지 최선을 다한다. 그들은 패배로부터 고통을, 승리로부터 행복을 같은 양만큼 받아들이게 될 것을 알고 있다. 그러나 복종한 자들은 이런 전투의 용기는 고사하고 모든 것에서 활력을 잃어버리기 때문에 마음이 비천하고 유약하며 위대한 모든 것들을 행동으로 옮겨내지 못한다. 폭군들은 그것을 잘 알고 있으며, 이것이 그들에게 습관이 된 것을 보게 되면 그들을 더욱 더 무력하게 만들기 위해 가능한 온갖 짓을 다한다.

그리스인들 가운데에서 가장 진지하고 가장 존경을 받았던 역사가 크세노폰은 작은 책을 한 권 썼는데, 거기에서 그는 시모니데스와 시라쿠사의 폭군 히에론Hieron이 독재의 비참함에 대해 서로 대화를 나누게 했다. 이 책은 훌륭하고 진중한 교훈들로 가득 차 있는데, 내가 보기에도 그것들은 무한한 혜택을 지니고 있다. 과거에 폭군이었던 모든 이들이 이 책을 거울삼아 눈앞에 두는 것이 바람직할 것이다. 그들은 이 책에서 자신들의 결함을 분명 알아볼 것이며, 그런 결함을 책무로 삼은 것에 부끄러워하게 될 것이다. 이 소책자는 모든 이들을 고통스럽게 만들면서 모든 사람들을 두려워하게 만들지 않을 수 없었던 폭군들이 경험하게 될 고통에 대해서 말한다. 이 책은 다른 무엇보다도 사악한 국왕들이 자기들이 학대했던 백성들에게 더 이상 무기를 손에 쥐는 것을 감행하지 못하게 할 목적으로 외국 용병을 수하에 두게 된다고 말한다. (예전의 프랑스 선왕들은 오늘날보다도 더 많이 이방의 군인들에게 돈을 지불해야 했지만, 오히려 백성들을 보호하기 위해서라는 것 이외의 다른 목적을 가지지 않았다. 백성들을 살리려 했던 그들은 지출을 크게 염려하지 않았다. 그것은 또한 내가 보기에는 수많은 적들을 굴복시키기보다는 한 시민의 목숨을 구하는 것을 더 선호했던 위대한 스키피오 아프리카누스의 견해이기도 하다.) 그런데 용기를 지닌 사람들을 신하로 둘 정도에 이르지 못한다면 폭군은 자신의 권력을 추호도 공고히 하지 못할 것이라는 점은 분명하다. 이 점에서 마땅히 테렌티우스 Terentius가 전하는 바와 같이 코끼리 사육사에게 트라손Thrason 이 다음과 같이 한 말을 우리는 폭군에게도 말할 수 있을 것이다.

이처럼 그대는 용맹하건만,

그대에게는 짐승들만 넘쳐난단 말인가?[93]

그런데 자기네 백성들을 우둔하게 만드는 폭군들의 이런 술책은 키루스Cyrus가 리디아의 거점 도시인 사르디스[94]를 점령하면서 넘쳐나는 부를 누렸던 국왕 크로이소스Croisos를 자기 뜻대로 포로로 삼고 난 후에 리디아인들에 대해 가했던 행위에서보다 더 명확히 드러난 적은 없었다. 사르디스의 주민들이 폭동을 일으켰다는 소식이 그에게 전해졌다. 그러자 그는 그들을 곧바로 자기 권력으로 굴복시켜 휘하에 둘 수도 있었지만, 그토록 아름다운 도시를 황폐하게 만들고, 이 도시를 통제하기 위해 군대를 그곳에 주둔시키는 데 애를 쓰길 원치 않았다. 오히려 그는 도시를 확실하게 수중에 넣기 위한 묘안을 고안해냈다. 그는 도시에 사창가, 술집 그리고 도박장을 설치했고 시민들이 그곳에 드나들도록 강제하는 칙령을 선포했다. 그는 이러한 조치가 아주 마음에 들어서 그 이후에 그는 리디아인들을 향해 칼을 뽑아낼 필요가 없었다. 이 가련

93. 테렌티우스의 『내시(L'Eunuque)』 3권 1장 414-415행에 해당한다.
94. 현재 터키 마니사주의 사르트(옛 지명 사르디스)를 가리킨다. 고대 리디아 왕국의 수도였으며 페르시아 제국의 중요한 도시였다. 로마 제국의 총독이 다스리던 곳이기도 하다. 주민들이 나약하기로 유명했다.

하고 비참한 자들은 온갖 종류의 도박들을 실컷 만들어냈다. 그들의 이름을 따서 로마인들은 한 단어를 만들었는데, 그것은 우리가 여가loisir라고 부르는 단어이고, 로마인들은 그들을 "Ludi", 저속하게는 "Lydi"라고 부르게 되었다.[95] 모든 폭군들이 백성들을 유약하게 만들려는 의지를 그렇게 노골적으로 드러낸 것은 아니었지만, 사실 키루스가 공식적으로 포고한 것을 대부분의 폭군들은 은밀하게 추구하였다. 사실 이런 것이 한 도시에서 언제나 많은 수를 차지하는 무지한 민중의 자연스러운 성향이다. 폭군들은 민중을 사랑하면서도 의심하고, 민중은 자기를 속이자는 자에 대해서는 순진하다. 입 앞을 스쳐가는 별거 아닌 달콤함에 이끌려 복종에 즉각적으로 자신을 내맡기는 민중보다도 한 마리 새가 화살에 더 잘 낚이는 법이라고, 벌레를 즐겨 먹는 물고기가 낚시 바늘을 오히려 더 잽싸게 물어댄다고 생각하지는 말자. 조금만 간지럽혀주면 그들이 그렇게 즉각적으로 자신을 내맡기게 되는 것은 참으로 놀라운 일이 아닐 수 없다. 연극, 놀이, 익살극, 공연, 검투경기,

. .

95. '유희적인', '놀이를 즐기는'이라는 뜻을 지닌 프랑스어 'ludique'의 어원이 된다. 선동(démagogue)은 권력의 유지를 지향하는 폭군이 민중으로부터 지지를 얻으려 할 때 가장 잘 사용하는 방식의 하나이다.

신기한 동물들, 동전들, 그림들 그리고 그러그러한 다른 마약들은 고대의 민중에게는 복종의 미끼였고 **빼앗긴** 자유의 대가였으며 폭정의 도구였다. 고대의 폭군들은 이것들을 수단으로 삼아서 이용했고 이것들로 유혹하여 백성들에게 굴레를 채워서 잠재워 버렸다. 그리하여 우둔해지고야만 민중은 눈앞에서 벌어지는 이런 헛된 쾌락을 즐기면서 놀이들이 멋있다고 여겼으며, 번쩍거리는 그림들로 읽기를 배우는 어린애들보다도 더 어리석게, 아니 그들보다도 더 심하게 복종하는 데 익숙해지고야 만다. 입의 쾌락에 다짜고짜 덤벼들었던 민중의 목을 당연하다는 듯이 졸라댔던 로마의 폭군들은 또 다른 것들을 고안해냈다. 그들은 원로원 10인단에게 향연을 베풀어 주었다.[96] 10인단 중 가장 지각 있고 현명했던 자도 플라톤이 언급했

· ·

96. 라 보에시에 따르면 폭군은 의회(parlement)를 통제하고 억압하는 자이다. 여기에서 군주제에 대한 그의 입장이 다시 한 번 드러난다. 그는 군주제가 한 사람에 의한 통치를 가리킨다는 점에서 폭정의 잠재태로 간주한다. 특히 군주가 간섭과 통제를 받을 제도적 장치를 갖지 못한다면 그것은 폭정과 다름이 없다는 것이다. 로마 폭군들의 원로원 장악을 그가 언급하는 이유가 여기에 있다. 그렇지만 위에서 프랑스의 몇몇 선왕들을 언급한 것에 짐작할 수 있듯이 그가 군주제 자체를 부인한다고 보기도 힘들다. 따라서 이 책이 군주제를 비판하고 민주공화정을 지지하기 위해 작성되었다는 기존의 해석에는 문제가 있다. 오히려 그는 혼합군주제(monarchie mixte)의 지지자에 해당한다. 즉 독립된 권한을 지닌 의회에 의해 군주가 통제되고,

던 국가의 자유를 되찾을 목적으로 주어진 스프 한 사발도 팽개치지 못할 정도였다. 폭군들은 약간의 밀로, 약간의 포도주와 은화로 자비를 베풀었으니, "황제 만세!"라고 외치는 소리를 듣는 것은 참으로 딱하기 그지없는 일이었다. 이 우둔한 자들은 자기들 재산의 일부만을 되찾았을 뿐이며, 그들이 되찾은 이런 재산마저도 폭군이 예전에 그들에게서 빼앗아온 것이 아니라면 줄 수도 없었던 것이었다. 그런 식으로 오늘 은화가 모아지고, 티베리우스Tiberius와 네로에게 그들의 자비에 감사하면서 민중의 향연이 만끽되었는데, 이튿날이 되면 민중은 이 으리으리한 황제들의 탐욕에 재산을, 사치에 아이들을, 잔인함에 자신들의 피마저도 맡기지 않을 수 없게 되었고, 돌멩이 한 개도 안 되는 한 마디도 하지 못하고 나무 밑동마냥 한 발짝도 옴짝달싹할 수 없게 되고 말았다. 무지한ignorant 민중은 언제나 그러했다. 명예를 간직한다면 받을 수 없었던 쾌락에 빠져버린 민중은 한껏 방탕해졌으며, 명예롭게 견뎌내야만 했던 잘못과 고통에 무감각해졌다.[97] 오늘날 네로에 대한

· ·

거스를 수 없는 법 앞에서 군주제 구성 조직들의 권한과 주장을 존중하겠다는 약속을 한 군주에 의한 통치형태를 지지한다. 그리고 사실 1576년 장 보댕이 『국가(*La République*)』를 간행하기 전에 이런 혼합군주제에 대한 생각은 인문주의자들 사이에 널리 퍼져 있었다.

말을 들으면서 이 사악한 괴물, 이 야비하고 더러운 페스트에 몸을 떨지 않는 자를 나는 보지 못하였다.[98] 그러나 이 선동가, 이 학대자, 이 맹수는 살아 있을 때처럼 죽은 뒤에도 비열했는데, 저 잘난 로마의 민중[99]은 그가 펼쳐놓은 놀이와 향연을 떠올리면서 셀 수 없이 비탄했으며 그것에 애도를 표하지 않을 수 없었다. 적어도 훌륭한 저자이며 가장 신뢰할 만한 역사가인 코르넬레우스 타키투스는 그런 식으로 썼다.[100] 게다가

• •

97. 자유의지를 상실한 민중에 대한 언급이다. 민중은 자신들과 함께 살고 있는 폭군의 횡포를 받아들인다. 그것은 그들이 폭군이 제공하는 쾌락을 누리려하기 때문이다. 그리고 이 쾌락에 도취하여 잠에 빠져든다. 이 쾌락이 악이었다는 것을 그들이 느끼게 되는 것은 폭군이 죽은 다음에서나 가능하다. 그러나 그들이 누린 쾌락은 비윤리적인 행위에 해당한다. "명예를 간직하며" 받아들일 수 없는 것들이다. 이런 면에서 복종하도록 만들기 위해 유혹의 한 수단인 '쾌락'을 제공하는 폭군은 도덕을 저버린 행동을 한 측면에서 비난받아야만 할 존재이며, 민중은 폭군과 마찬가지로 쾌락의 미끼를 물어버린 비윤리적인 존재가 된다. 폭군과 마찬가지로 그들은 분별력을 상실했다. 이런 이유로 라 보에서는 폭군은 '타락해버린' 민중의 의지를 토대로 삼는다고 지적한다. '민중의 타락과 그들의 무지한 의지'가 폭군의 지배와 체제의 유지를 가능하게 만든다는 것이다.

98. "사악한 괴물(vilain monstre)"이나 "더러운 페스트(sale peste)"와 같은 표현은 폭군이 가장 비열한 존재임을 강조하기 위해 사용되었다.

99. 원문은 "le noble peuple romain"으로서 조롱적인 표현이다. 네로의 폭정을 그들이 기꺼이 받아들였기 때문이다.

로마의 법과 자유를 금지했던 율리우스 카이사르가 사망한 후에도 로마 민중이 그렇게 했다는 것을 고려한다면 그들의 행동이 이상하다고 여겨지지는 않을 것이다. 내가 보기에 카이사르에게는 가치 있는 그 무엇도 없다고 생각한다(왜냐하면 사람들이 입에서 입으로 옮기는 그의 인류애라는 것이 사실은 로마 민중에게는 복종의 음료에 꿀을 바른 독으로 만든 달콤함이었으며, 예전에 가장 야만적이었던 폭군의 가장 혹독한 잔인함보다도 그의 조국에 더 해로운 것이었기 때문이다).[101] 그가 세상을 떠나자 여전히 입가에 향연의 맛을 매달고

● ●

100. 타키투스의 『역사(*Histoires*)』 1권 4장에 해당한다.

101. 라 보에시는 작품의 상당부분을 역사적 사례들을 제시하는 데 사용하는데, 이때 그것은 폭군들이 민중을 잠재우기 위해 권력의 언어를 남용하고, 그것을 이중적으로 사용한 것을 내용으로 삼는다는 것을 암시하기 위해서이기도 하다. 즉 말과 사물이 폭군들에게서는 일치하지 않는다는 것이다. 폭군들은 거짓과 지어낸 말을 이용하고, 혹은 독으로 가득 찬 감미로운 말을 사용하면서 민중이 복종을 달게 여기도록 만든다. 이에 반해 라 보에시는 '말의 미덕(la vertu de la parole)' 혹은 '미덕을 갖춘 말(la parole vertueuse)'을 강조한다. 그것은 폭군의 이중성과 위선을 드러낼 유일한 수단이 될 수 있다. 카토나 히포크라테스가 작품에서 언급되는 이유이기도 하다. 그들은 말의 진정한 웅변력(éloquence)의 모델들이다. 이 점에서 라 보에시의 작품은 말의 올바른 사용에 관한 옹호로도 간주될 수 있다. 그가 고대인들, 신화적 인물들, 동시대 인물들을 작품에 소환하는 것은 말의 명명백백함(évidence)을 통해 자신의 말을 설득적으로

있고, 풍요로운 축제에 대한 기억을 지니고 있던 민중은 광장의 의자들을 쌓아올려 그에게 명예로운 커다란 화장단火葬壇을 만들어주었고, "조국의 아버지Pater Pa triae"(이런 문장을 새겨 놓은 기둥)와 같은 원주圓柱를 그에게 세워주었다. 그리고 그는 이미 죽어버렸지만 그가 살해했던 자들이 아니더라도 세상 사람들에게 마땅히 주어야만 했던 것보다도 더 많은 명예를 그에게 부여하고야 말았다.[102] 로마의 황제들은 "민중의 호민관"이라는 칭호를 스스로 취하기를 추호도 잊지 않았다. 이런 직책은 숭고하고 신성한 것으로 여겨졌기 때문이다. 민중을 지지하고 보호하기 위해 설립된 이 직책은 제국 안에서 높은 평판을 누렸다. 로마황제들은 이런 방식을 사용함으로써 이런 명칭이 가져와야만 하는 효과를 필요로 하기 보다는 단지 그런 명칭을 듣기만 해도 충분하다는 듯이 여기는 민중이 자신들을 더 신뢰하게 될 것을 확신했다. 그런데 오늘날의 폭군들도 결과적으로 보면 그들에 비해 못하지 않다. 이들은 가장 심각한 범죄를 저지르기 이전에 언제나 공공의 안전과

• •

전달하겠다는 진정성(sincérité)을 지녔기 때문이다. 그는 폭군의 말에 대항해서 자기 말의 미덕을 내세운다. 그리하여 그가 사용하는 인용들은 자기 말의 진실함을 강조하는 데 기여한다.

102. 카이사르를 환기하는 라 보에시의 어조에는 조롱이 가득 섞여 있다.

행복에 대한 달콤한 말을 앞세운다. 오, 롱가여, 그대는 이들이 아주 능란하게 사용하는 그런 표현들을 알고 있다. 그러나 그것은 능란함이 아니라 넘쳐나는 파렴치impudence일 뿐이다.

아시리아의 국왕들 그리고 그들의 뒤를 이은 메디아Media의 국왕들은 가능한 한 최소한으로 민중 앞에 모습을 드러냈다. 그들에게 무언가 초인간적인 것이 있다고 민중이 추측하게 만들고, 자기네 눈으로는 볼 수 없는 무언가를 상상으로 불러 일으키는 경향이 있는 그들이 꿈을 꾸게 만들기 위해서였다. 그리하여 이 신비한 국왕들의 통치를 오랫동안 받았던 수많은 나라들은 이런 신비로움을 간직하면서 그들을 섬기는 데 익숙 해졌고, 자기 주인이 누구인지, 심지어는 그런 주인이 있는 것인지도 모를 정도로 기꺼이 그들을 섬겼으며, 자신들이 결코 보지도 못한 한 존재를 두려워했다.[103] 초기 이집트 왕들 은 항상 머리에 고양이나 나뭇가지 혹은 불을 지니지 않고서는 결코 모습을 드러내지 않았으며, 그런 식으로 마술사의 역할을 수행해냈다. 그런 신기한 것들을 통해 백성들에게 존경과

• •

103. 몽테뉴는 『에세』 3권 8장 「대화법에 관하여(De l'art de conferer)」에 서 군주의 권위를 지키기 위해서는 민중이 군주를 똑바로 보지 못하게 할 필요가 있다고 언급하면서 모습을 자주 드러내지 않는 군주의 필요성을 언급하였다.

감탄을 불어넣었는데, 어리석거나 지배당하지 않았더라면 이런 모습을 백성들은 조롱하고 비웃었을 것이다. 폭정을 공고하게 만들기 위해 과거의 폭군들이 했던 모든 것을 발견하고, 자기네 마음대로 할 수 있는 민중을 언제나 찾아내면서 단지 그물 하나만 펼쳐도 민중을 잡아낼 수 있었던 그들이 사용한 저런 소소한 방식들을 보게 되는 것은 참으로 비통하지 않을 수 없다. 민중을 속이는 것보다 더 쉬운 일이 그들에게는 결코 없었으며, 민중을 가장 심하게 조롱할 때보다 그들이 민중을 더욱 굴복시킬 수 있었던 때는 없었다.

고대 민중이 쉽사리 믿어버린 다른 기막힌 속임수에 대해서는 또 무슨 말을 해야 한단 말인가? 그들은 에피루스Epirus의 국왕 피로스Pyrrhos의 발가락이 기적을 행하고 비장병을 치유할 수 있다고 굳게 믿었다. 이 국왕의 시신을 화장했을 때 그들은 불이 발가락을 비껴가서 재 안에 그대로 있었다는 말을 하면서 여전히 이야기를 더욱 윤색해냈다.[104] 어리석은 민중은 언제나 이렇게 스스로 거짓을 만들어내고 거기에다 믿음마저 덧붙인다. 많은 작가들이 이런 거짓을 기록하였다. 그들이 이런 거짓을 마을의 수군거림과 무지한 자들이 지어낸

· ·
104. 플루타르코스의 『피로스의 생애(*Vie de Pyrrhus*)』 3장에서 언급된 이야기이다.

이야기에서 찾아내 모았다는 것을 우리는 쉽사리 알 수 있다.[105] 로마 제국을 점령하러 가기 전에 아시리아에서 알렉산드리아를 거쳐 되돌아온 베스파시아누스Vespasianus가 꾸며낸 이야기도 참으로 황홀했다. 그는 절름발이들을 일어서게 했으며, 장님들에게 빛을 주었다. 이런 것들 안에 잘못이 있다는 것을 보지 못하게 만드는 그런 셀 수 없는 기막힌 이야기들이 있다.[106] 심지어 폭군들마저도 다른 자로부터 받는 학대를 사람들이 견딜 수 있다는 것에 이상하다고 생각한다. 그런 이유로 그들은 기꺼이 종교의 외투를 걸쳐대고, 가능하다면 자기들의 사악한 삶을 지켜낼 목적으로 신성함이라는 몇몇 조각들을 빌려온다. 그리하여 주인이었던 주피터를 흉내 내며 민중을 조롱했던 살모네오스Salmoneus는 베르길리우스의 무녀에 따르면 지옥 깊숙한 곳에 갇히게 되었는데, 그것이 이런 이야기로 만들어졌다. 베르길리우스의 무녀가 지옥 저편에 떨어진

• •

105. 몽테뉴는 『에세』 3권 9장 「절름발이에 관하여(Des boyteux)」에서 마녀에 대한 믿음이 단지 널리 퍼진 소문에 근거한다는 점을 지적한 바 있다.

106. 라 보에시는 여기에서 은근히 연주창 환자를 치유할 능력을 지녔다고 알려진 당시 프랑스 군주 앙리 2세(Henri II)를 비난한다. '기적을 행하는 국왕(rois thaumaturge)'은 프랑스 군주의 신비한 능력을 드러내는 개념이기도 했다.

그를 바라보니

그는 천상의 번개와 주피터의 벼락을
흉내 내려다 참혹한 형벌에 고통 받고 있었다.
네 마리의 전령마를 탔던 이 자는
손에 번뜩이는 커다란 횃불을 쥐고 높이 흔들어댔으며,
그리스인들로 넘쳐나는
일레이아lleia 시장 한복판을 지나갔다.
이런 식으로 그는 허세를 부리면서
오직 신에게만 허용된 명예를 얻으려고 했다.
넋 빠진 자여, 흉내 낼 수 없는 벼락과 번개를
쇳덩어리로 모방하고, 발이 단단한 말을 타고
무섭게 달려가는 전능한 주피터를 흉내 냈구나.
이 대죄를 알게 된 주피터는 즉시 처벌을 내렸으니,
그가 내리친 것은 불길도, 초로 만든
뜨거운 횃불도 아니었다,
무시무시한 폭풍우로 혹독하게 내리치자
그는 땅에 머리를 거꾸로 처박고야 말았다.[107]

• •

107. 라 보에시는 베르길리우스의 『아이네이스』 6권 585-594행을 풀어
서 번역했다. 앙리 드 멤므(Henri de Mesmes)가 소장하고 있던 이

만약 순진하게 바보 같은 짓을 원했던 자가 지옥에서 대접을 제대로 받았다면, 고통을 주려는 목적으로 종교를 남용했던 자들은 지옥에서 여전히 최고의 가르침을 받게 될 것이라고 나는 생각한다.

　우리의 프랑스 폭군들도 마찬가지로 무어라 말할 수 없는 두꺼비, 백합, 성유병, 국왕기 등과 같은 여러 유형들을 뿌려놓았다. 지금의 우리나 우리 선조들이 그것들을 의심할 만한 어떤 기회마저도 갖지 못했기 때문에 나로서는 그리고 어찌되었던지 간에 이 모든 것들을 시시한 것으로 믿고 싶지는 않다. 왜냐하면 우리에게는 평화에 관대하고 전쟁에서 용맹을 떨쳐서 비록 그들은 군주로 태어나긴 했지만 자연이 그들을 다른 이들처럼 만들어낸 것은 아니며, 그들이 태어나기도 전에 신들이 왕국의 운영과 수호를 맡기려고 그들을 선택한 것처럼 여겨지는 그런 몇몇 군주들이 있기 때문이다. 그리고 설령 그렇지 않다고 하더라도 나는 우리 역사의 진실을 깎아내리기 위해 논쟁을 하거나, 제멋대로 그것들의 껍질을 일일이 벗겨내고 싶지는 않다.[108] 롱사르, 바이프Baïf, 뒤 벨레Du Bellay에 의해

· ·

　　책의 수사본(BNF ms 839)에 따르면 처음에 라 보에시는 시인 조아생 뒤 벨레(Joachim Du Bellay)가 번역한 『아이네이스』를 인용했다.

잘 치장되었을 뿐만 아니라 소위 혁신이 된 우리의 프랑스 시가 아주 잘 만들려고 공을 들일 수 있을 이 멋진 소재를 강탈하고 싶지는 않기 때문이다. 이들 시인들이 진정으로 우리의 언어를 발전시켰기 때문에 조만간 비록 장자의 권리를 예외로 한다고 할지라도 더 이상 그리스어와 라틴어를 시기할 필요가 없게 될 것을 감히 나는 희망한다. 분명 내가 우리 시[rime]에 잘못을 가하는 것일지도 모르겠다(나는 이런 표현[109]을 기꺼이

• •

108. 이 책의 앞에서 오디세우스의 군주에 대한 관점을 비판했던 라 보에시는 여기에서도 프랑스 국왕의 오류들을 비판한다. 그는 발루아 왕족이 즐겨 선택한 회화나 글 혹은 정치적 상징을 통한 선전 정책을 언급하면서 그것들을 "설령 그렇지 않다고 하더라도"라는 표현을 통해 조롱하고 비하한다. 그들은 신의 도시를 건설하기보다는 자신들의 도시와 왕국의 건설을 우선시했기 때문이다. 이 점에서 그는 프랑스 군주가 신에 의해 권력을 인수했다는 전통적 해석을 거부한다. 그렇지만 그는 프랑스 군주제의 신성 신화 자체를 본격적으로 다루려고 하지는 않는다. 게다가 이런 상징들을 이용한 클로비스와 같은 선왕들이 프랑스 왕실에 있었다는 것도 인정한다. 이 점에서 프랑스 군주제에 대한 라 보에시의 입장이 모호하고 애매하다고 지적될 수 있다. 그런데 이런 태도는 그가 보르도 고등법원에 재직하는 법조인이었다는 사실과 관련이 있다. 그는 지방의 법률기관을 통제하려는 절대 권력을 비난해야 했지만 동시에 군주에 의해 임명된 법조인이라는 신분의 제약을 벗어던질 수는 없었던 것이다.

109. 앞에서 사용된 'rime'라는 표현을 가리킨다. '시'를 지칭하는 용어는 'poésie' 혹은 'vers'이며, 일반적으로 'rime'는 운을 맞추는 행위나

사용하겠는데 그것은 내 맘에 들기 때문이다. 왜냐하면 몇몇 사람들이 시를 단순히 기계적으로 만들었을 지라도 나는 또 다른 이들이 그것을 고상하게 만들고 그것에 최후의 명예를 부여했다는 것을 알고 있기 때문이다). 덧붙인다면 프랑스 시에서 클로비스 국왕의 멋진 이야기들을 빼버린다면 나는 잘못을 범하는 것이 되리라.[110] 『라 프랑시아드_La Franciade_』[111]에서 롱사르의 능변은 그런 이야기들을 아주 재미있고 자연스럽게 꾸며놓았다. 나는 그의 역량을 인정하며 그의 섬세한 정신과 그에게 주어진 은총을 알고 있다. 그는 로마인들이 성스러운 방패, 베르길리우스가 말한 저

· ·

운 맞추기만을 중시하는 시를 지시한다. 이 점에서 "rime"라는 용어를 사용하는 라 보에시는 '운율장이(rimeurs)'와 시인(poètes)의 구분을 염두에 두지 않는다고 말할 수 있다. 반면에 롱사르와 뒤 벨레는 이전 세대 시인들을 '운율장이'라고 비판했다. 시가 진정으로 추구해야 할 것, 즉 진실의 포착과 진실에 대한 전망을 제시하기보다는 그들이 운 맞추기의 기교에만 의지하면서 즐거움을 주는 운문만을 작성했다고 판단했기 때문이다.

110. 문학이 언급된 것은 그것이 단지 정신의 유희에 그치는 것이 아니라 자유의 선구자 혹은 예속의 구원자로서의 역할을 한다는 인식이 라 보에시에게 있었기 때문일 것이다. 라 보에시의 문학의 가치에 대한 관점을 가늠할 수 있는 단서이기도 하다.

111. 생존 시에 이미 '프랑스 시인들의 왕자(Prince des poètes)'라는 명성을 누렸던 롱사르가 작성한 미완의 서사시이다.

하늘에서 지상으로 던져진 방패[112]

처럼 그렇게 국왕기로 멋진 것을 만들어낼 것이다. 아테네 사람들이 에리크토니오스Erichthonios 바구니를 가지고 했던 것처럼 그렇게 훌륭한 것을 그는 우리의 성유병에서 *끄집어*낼 것이다.[113] 올리브나무가 여전히 미네르바의 탑에 존재한다고 그들이 주장했던 것처럼, 롱사르는 우리의 왕실 가문에 대해서 언급을 할 것이다. 분명 내가 우리의 책들을 부인하고,[114] 그리하여 우리 시인들의 영역을 넘보려 한다면 그것은

● ●

112. 『아이네이스』 8권 664행에 해당한다. 플루타르코스의 『누마의 생애(Vie de Numa)』 18장에 따르면 하늘에서 떨어진 방패는 누마의 손에 들어갔으며, 방패의 보존 여부에 로마의 번영이 달려 있었다는 전설이 전해온다. 마키아벨리는 『군주론』 11장에서 종교를 적절히 이용한 누마를 지지하였다.

113. 클로비스 이후의 프랑스 군주들은 성유의 은총을 받았다고 자찬했다. 라 보에시는 이것을 에리크토니오스의 전설에 비유한다. 아테나의 보호를 받은 에리크토니오스는 아테네 최초의 국왕이다. 아테나는 아기였던 에리크토니오스를 키클롭스에게 맡기면서 바구니를 열어보지 말 것을 명했지만, 호기심에 이를 열어본 키클롭스는 바구니 안에서 아기를 둘러싸고 있던 뱀에 잡아먹히고 말았다.

114. 몽테뉴는 『에세』 1권 42장 「우리 사이의 불평등에 관하여(De l'inégalité qui est entre nous)」, 2권 16장 「영광에 관하여(De la gloire)」 그리고 3권 8장 「대화법에 관하여(De l'art de conferer)」에서 대중을 속이기

무모한 일이 될 것이다.[115] 이제, 불식간에 멀리 벗어나버린 내 말로 다시 돌아온다면,[116] 폭군들이 자신의 권위를 확고하게

• •

위해 종교를 이용하는 정치를 반대했지만, 마키아벨리는 『군주론』 11-15장에서 이것을 적극적으로 군주가 활용하기를 권유한 바 있다.

115. 롱사르의 『라 프랑시아드』는 1570년에 왕실에 소개되었다. 이 점에서 롱사르와 친분을 가졌던 라 보에시가 『라 프랑시아드』 수사본을 읽었을 가능성이 제기될 수 있다. 한편 라 보에시가 롱사르를 언급한 것을 우정의 차원에서 파악할 수 있다. 자연이 인간에게 부여한 자질 가운데 하나가 우정이라면, 라 보에시는 롱사르를 언급하면서 우정을 실천하고 있는 셈이다. 나아가 롱사르, 바이프, 뒤 벨레와 같은 시인들은 16세기 중반에 프랑스 시의 개혁을 주도한 플레이아드 유파를 형성했다. 이들에 대한 언급은 라 보에시가 전통적인 시를 낡은 것으로 간주하면서 시인의 역할과 시의 가치를 갱신하려고 했던 젊은 시인들과 깊은 교류를 했다는 것을 추측하게 만들 수 있을 뿐만 아니라 시에 대해 조예가 깊었다는 것도 암시할 수 있다.

116. 앞에서와 마찬가지로 이러한 표현은 말의 자유성을 지지하는 라 보에시를 암시한다. 본론으로 되돌아가는 것은 진실로의 회귀를 뜻하기 때문이다. 그러나 한 사람에 의해 통치되는 정치체제가 폭정과 무관하지 않다는 것을 이 책의 도입부에서 언급했던 라 보에시가 다시 본론으로 돌아가자고 말하는 것은 마치 위에서 언급한 프랑스 군주제나 롱사르에 대한 언급이 자신이 말하고자 한 본래의 내용과 무관한 것이라는 인상을 주려고 한 것은 아닌지 의심할 수도 있다. 달리 말해 프랑스 군주제나 롱사르에 대해 그가 긍정적 입장만을 일관되게 지닌 것은 아니라는 의미를 전달하려고 했던 것으로 가늠할 수도 있다. 이런 모호한 태도는 롱사르가 『라 프랑시아드』를 통해 "프랑스의 호메로스"로 칭송되었다는 점을 고려한다면, 앞에서 호메로스를 비판한 그의 태도가 여전히 롱사르

만들기 위해 민중이 복종과 굴복뿐만 아니라 숭배에 익숙해지
도록 애를 썼다는 것은 분명하다. 복종하게 만들기 위해 폭군
들이 사용했던 수단들에 대해 지금까지 내가 말한 모든 것들은
단지 보잘 것 없고 우둔한 민중에게만 해당할 것이다.

　이제 내가 보기에 모든 지배의 원동력과 비밀 그리고 모든
폭정을 유지하고 토대가 되는 한 가지에 대해 말해보겠다.
누군가가 창과 검 그리고 감시가 폭군들을 보증한다고 생각하
는 것은 나의 판단에 따르면 그것은 대단히 잘못된 것이다.
내가 보기에 그들은 그것들을 신뢰하는 것을 넘어서 그것들을
형식으로 그리고 협박으로 사용한다. 호위병들은 무언가를
시도할 수 있는 잘 무장한 자들이 아니라 묘책이 전혀 없는
잘 무장하지 못한 자들이 궁에 들어가는 것을 감시한다. 자기
호위병들에 의해 죽음을 당했던 자들보다 그들의 도움을 받아
위험을 모면한 로마황제들이 그리 많지 않았다는 것은 분명하
다. 폭군을 지켜낸 것은 말에 올라탄 기병들도 보병부대도
아니다. 언뜻 보면 믿기지 않겠지만 폭군을 언제나 지지한
자들은 네다섯 명의 사람들이었고, 이들 네다섯 명만이 온
나라를 그에게 갖다 바쳤다. 언제나 네다섯이 폭군의 말을

• •

에 대해서도 적용되고 있다고 말할 수 있다.

귀담아 들었으며, 나서서 그의 곁으로 다가갔다. 아니면 폭군의 부름을 받아 그가 행한 잔인함의 공모자, 향락의 동반자, 욕정의 뚜쟁이 그리고 강탈의 수혜자가 되었다. 이 여섯 명이 자신들의 두목을 잘 받들어 모셨기 때문에 이 두목은 자신의 냉혹함뿐만 아니라 그들의 냉혹함 덕분에 그들이 모인 자리에서마저도 아주 사악한 자가 되어버린다. 이들 여섯 명 아래에는 이들이 폭군을 타락시킨 것만큼이나 그들을 타락시키는 육백 명이 있다. 이들 육백 명은 휘하에 자기들이 고결하게[117] 키운 육천 명을 두고 있으며, 그들의 손에 지방정부나 재정의 관리를 쥐어준다. 사악함이나 잔인함으로 그들이 권력을 쥐게 만들기 위해서이며, 때가 되면 그들이 그것들을 적절하게 사용하고 나아가 자신들이 돌봐주지 않는다면 유지할 수도 없고, 법과 형벌을 면할 수도 없었을 수많은 악을 실행하게 만들기 위해서이다. 이 육천 명을 뒤따르는 사람들의 수는 엄청나서, 그 수가 얼마인지를 알고자 원하는 자는 육천이 아니라 십만, 그리고 수백만이 단단히 매어놓은 끊어지지 않는 사슬로 폭군을 지탱하고 있다는 것을 알게 될 것이다, 마치 호메로스의 작품에서 그런 사슬을 끌어당겨 자기에게로

117.   라 보에시는 빈정거리는 표현을 사용하고 있다.

모든 신들이 모여들게 만들었다고 으스대던 주피터가 말했던 것처럼 말이다.[118] 그런 식으로 율리우스 카이사르의 통치하에서 원로원의 권력이 성장했다. 새로운 조직이 만들어진 것이고 새로운 직제가 고안된 것인데, 그것은 정의를 재정비하기 위함이 아니라 폭정을 새롭게 지지하기 위해서였다. 결국 폭군들로부터 받은 호혜와 또 다른 호혜, 이득과 또 다른 이득에 의해서 그들은 폭정이 이롭다고 여기에 되었으며, 그들의 수는 자유가 기쁘게 만들 수 있을 사람들의 수만큼이나 많아질 지경에 이르고야 말았다.

신체 내부에서 전혀 변한 것이 없을 지라도 종양이 한 곳에서 나타나면 몸 전체의 기운이 이 썩은 곳으로 쏠리기 마련이라는 의사들의 말처럼 말이다. 마찬가지로 한 국왕이 스스로 폭군을 자처하는 바로 그 순간부터 모든 사악한 것들은, 왕국의 모든 찌꺼기들은, 선이나 악을 행할 수 없는 수많은 작은 사기꾼들과 미천한 자들의 무리라고는 말하지 않겠지만, 그러나 뜨거운 야망과 눈에 드러나는 탐욕에 사로잡힌 사람들이 그의 주변에 모여들어 전리품에서 제몫을 챙기고 이 위대한 폭군의 통치하에서 못된 소 폭군들이 되기 위해 그를 지지한다.[119] 이들이

• •

118. 『일리아드』 8권 18-27행에 해당한다.

바로 대도大盜이며, 이름값을 하는 해적들이다. 어떤 놈들은 나라를 갈망하고 다른 놈들은 여행자들을 뒤쫓는다. 한 무리가 매복을 친다면 다른 무리는 망을 본다. 한 놈이 살육을 저지른 다면, 다른 놈들은 살갗을 벗겨낸다. 그들 사이에 우위가 있긴 하지만 한 놈이 아첨꾼일 뿐이라면 다른 놈들은 도적의 우두머리들일 뿐이다. 값나가는 전리품은 아닐지라도 적어도 거기서 떨어져 나온 것들을 챙기기 않는 놈은 한 놈도 없다.[120]

　사람들이 말하길 위대한 폼페이우스를 파견해야 할 정도로 킬리키아Cilicia의 해적들[121]은 서로 동맹을 맺지도, 그 수가 많지도 않았지만 항구를 끼고 있는 여러 큰 마을들과 대도시들

119.　라 보에시는 군주의 가까이에 있는 소수의 사람들이 그를 어떻게 폭군으로 만들 수 있는지, 그리고 어떤 방식으로 폭군을 지지하게 되는지를 다루기 위해서 이들 소수의 사람들에 대해서 언급한다. 이들 역시 폭군과 마찬가지로 탐욕과 과도한 열정에 이끌린 자연을 벗어난 사악한 자들에 해당한다. 그리고 소수의 측근들이 폭정을 유지하게 만들었다는 앞의 언급에서 이 책이 교육을 받은 "잘 태어난 자들", 즉 폭군 곁에 자리할 수 있는 교육을 받은 자들을 경고할 목적으로 작성되었다는 추측도 가능하다.

120.　이런 열거는 라 보에시의 어조가 매우 격렬하다는 암시이기도 하다. 이 작품이 연설문으로서의 양상을 지니고 있다는 것을 잘 드러내는 부분에 해당한다.

121.　기원전 2세기부터 지중해를 지배한 해적들이다. 소아시아 서쪽에서 악명이 높았다. 기원전 75년 로마황제에 의해 파견된 폼페이우스에 의해 전멸 당했다.

이 자기들과 연맹을 맺도록 끌어들였다. 해적질을 하고 돌아오게 되면 그들은 이들로부터 안전을 보장받았는데, 그 대가로 자신들이 약탈해서 숨겨놓은 일부의 몫을 이들에게 챙겨주었다.

이런 식으로 폭군은 백성을 차례차례 굴복시키며, 경계해야 됨에도 불구하고 조금이라도 가치가 있다면 그들로부터 보호를 받는다. 그러한데 나무를 쪼개기 위해서는 나무에 쐐기를 박아야만 한다는 흔한 말이 있다.[122] 폭군의 궁수들, 호위병들, 창을 든 수병들이 이런 쐐기에 해당한다. 이들이 때때로 폭군으로부터 시련을 겪는다는 말은 아니다. 오히려 신과 인간들로부터 버림받은 이 비참한 자들은 자기들에게 고통을 가한 자가 아니라 오히려 자기들과 마찬가지로 고통을 겪을 수밖에 없지만 그 무엇도 할 수 없는 사람들에게 고통을 주는 데 만족하기 위해서 고통을 견딘다. 그러나 폭정과 민중의 복종을 활용하기 위해 폭군에 아첨하는 이런 자들을 생각하노라면 그들의 사악함에 놀랄 뿐만 아니라 그들의 어리석음에 종종 가련한 마음이 든다. 폭군에게 다가간다는 것이 사실 자신의 자유로부터 멀어진다는 것과는 다른 것이 아니고, 복종을

122. 폭군이 백성에게 악을 행하기 위해 백성의 일부를 이용한다는 의미이다.

껴안고 그것을 두 손에 쥐게 된다는 것이기 때문이지 않겠는 가? 그들이 야심을 한 쪽에 한 순간만이라도 밀쳐두기를, 자기네의 탐욕으로부터 조금이라도 벗어나기를, 그리고 서로를 바라보기를, 자기 스스로를 되돌아보기를 바란다. 자신들이 발로 짓밟고 도형수나 노예처럼 다룬 이 시민들, 이 농민들, 그렇게 학대당한 바로 이 사람들이 자기들보다 더 행복하다는 것을, 그리고 어떤 면에서는 더 자유롭다는 것을 그들은 분명 보게 될 것이다.[123]

농부와 장인들은 복종만 하면 나름대로 굴복에서 벗어날 수는 있다.[124] 그러나 폭군은 자기를 둘러싸고 있는 사람들이 총애를 아첨하고 갈구한다는 것을 알고 있다. 이들은 그가 내린 명령을 실행에 옮겨야 할 뿐만 아니라, 그가 원하는 것을 생각해내야만 하고, 많은 경우에는 그를 만족시키기

• •

123. 폭군 자체가 문제가 아니라 폭군을 지지하는 소수의 자들이 폭정을 행하게 만들고, 폭정을 유지하게 만든다는 매우 현실적이고 냉철한 라 보에시의 관점이 발견된다.

124. 원문에서는 "en faisant ce qu'on leur dit", 즉 '폭군들이 민중에게 말한 것을 행하면서' 자유로워진다는 것, 즉 복종을 수행함으로써 나름의 자유를 얻는다는 뜻이다. 민중이 복종하면서 자유로워진다는 라 보에시의 언급은 폭군의 불행을 강조하기 위해서 사용되었지만, 지금까지 민중이 복종하게 된 원인을 다룬 발언과는 다소간 모순된다.

위해 그만이 가진 욕망을 미리 간파해야만 한다. 그에게 복종하는 것이 전부가 아니다. 여전히 그의 마음을 사는 것이 필요하다. 그의 관심사를 다루면서 그들은 서로를 파괴해야만 하고, 서로에게 고통을 가해야만 하며, 서로를 죽여야만 하고, 그리고 그의 기쁨만이 그들에게 기쁨을 주기 때문에 자신들의 취향을 그의 취향에 바쳐야만 하며, 자신들의 기질을 억압해야 하고, 타고난 천성을 벗어버려야만 한다. 폭군의 말과 목소리, 시선과 몸짓에 주의를 기울여야만 한다. 그들의 눈과 발과 손은 부지런히 그의 의지를 엿보고 그의 생각을 간파하는 데 몰두해야만 한다. 이것이 행복하게 사는 것이란 말인가? 이것이 진정 사는 것이란 말인가? 용기 있는 모든 사람들이라고는 말하지 않겠지만, 양식을 지닌 혹은 인간의 모습을 지닌 사람들에게 있어서 이런 상태보다 더 견딜 수 없는 것이 세상에 어디 있단 말인가? 자기 것은 아무것도 없으면서, 그리고 다른 이로 인해 자신의 평안과 자유와 몸과 생명을 유지하며 이렇게 살아가는 것보다 더 비참한 처지가 있다면 그건 대체 무어란 말인가?

그러나 그들은 재산을 모으기 위해 복종하기를 원한다. 자기 재산이 자기 것이라는 말조차 할 수 없는 그들이 자기 것이 될 무언가를 얻으려 하기 때문이다. 그리고 폭군의 치하에서라면 누군가는 무언가를 얻을 수 있을 것이기 때문에 그들은 재산의 소유자가 되려고 안달을 한다. 그들은 그 누구의 것이라고 말할 수 있는 그 무엇도 남겨놓지 않고 모든 이들에게서 모든 것을 빼앗아 올 수 있는 힘을 폭군에게 부여한 자들이 바로 자신들이라는 것을 망각한다.[125] 하지만 그들은 알고 있다. 폭군의 잔인함에 사람들을 의존하게 만드는 것이 바로 이런 재산이라는 것을. 타인의 재산을 취하는 것보다 죽음에 마땅한 더 큰 형벌은 없다는 것을. 폭군이 부만을 좋아하고 오직 부자들만을 공격한다는 것을. 그리고 부자들은 폭군에게 식욕을 불러일으키겠다는 듯이 백정 앞에 선 통통하고 잔뜩 배가 불러온 양들처럼 그런 모습을 폭군의 면전에 드러낸다는 것을. 이 총신들은 폭군들 곁에서 많은 것을 챙겼던 자들을 생각하기보다는 한동안은 배불리 먹었지만 얼마가지 않아 재산과 목숨을 잃게 되어버린 자들을 생각해야만할 것이다. 폭군 곁에서 부를 얻었지만 그것을 지켜낸 자들이 얼마 되지 않는다는 것을 그들은 생각해야만 할 것이다. 사악한 방법으로 폭군들의 총애를 얻고 그들의 나쁜 성향에 아첨을 하고 그들의 단순함을 남용하였지만 마침내 짓뭉개진 자들로

125. 탐욕과 기억의 상실이라는 복종의 두 가지 이유를 한 문장에서
     사용하며 다시 강조하고 있다.

고대의 이야기들과 우리가 기억하는 모든 이야기들이 가득 차 있다는 것을 떠올려야만 한다. 그들은 쉽사리 높은 자리에 오르긴 했지만 얼마가지 않아 자신들을 무너뜨리는 폭군의 변심을 경험하였다. 사악한 폭군들 곁에 한동안 머물렀던 수많은 자들 가운데에서 사람들의 만류에도 불구하고 자진해서 부추겼던 폭군으로부터 잔혹함을 직접 경험하지 않은 자는 소수이거나 거의 없다는 것, 그것은 분명하다. 그의 총애를 받으면서 다른 이의 살가죽으로 부자가 되었던 이들은 대개 자기네 스스로의 살가죽을 벗겨 종국엔 그를 부자가 되게 만들어주고 말았다.[126]

폭군으로부터 가끔은 호의를 얻기도 하는 이 고귀하신 분들이 그의 총애를 많이 받아 높은 자리에 오른다고 한들, 사악한 자들마저도 곁에 있으면 존경심을 갖지 않을 수 없을 정도로 미덕과 공명정대함이 그들에게서 빛나고 있다고 한들, 이

• •
126. 폭정을 권고하고 조장했던 폭군의 총신들이 비참한 종말을 맞이했다는 것을 언급하는 것에서 라 보에시의 작품이 민중이 아닌 폭군의 권력에서 이득을 취할 수 있는 소수의 사람들을 대상으로 삼고 있다는 분명한 증거를 찾을 수 있다. 이들은 민중과 달리 과거를 기억할 수 있고 배움을 익혔음에도 불구하고 폭군의 치하에서 부를 얻으려고 했으며, 그런 점에서 이들 역시 비참한 자들이고, 어떤 면에서는 폭군의 잠재적 희생자들이기도 하다.

높으신 분들은 폭군 곁에서는 분명 버텨낼 수 없을 것이다. 그들은 만인의 고통을 느껴야만 하고 자신들을 희생시키면서 폭정을 경험해야만 한다.[127] 세네카와 부르스Burrhus 그리고 트라세아스Thraseas가 그랬다.[128] 이 세 명의 훌륭한 자들 중에서 앞의 두 명은 자기들에게 일을 처리하도록 맡겨준, 그리고 자신들을 소중하게 여겨주었던 한 폭군에게 가까이 다가가는 불행을 겪었으며, 다른 한 명은 우정을 담보로 삼아 폭군이 어린 시절의 자신에게 주었던 정성을 간직하면서 폭군을 길러냈다. 이들의 비참한 죽음은 사악한 주군의 총애를 받는다고 해도 받았던 신의가 그리 크지 않았다는 충분한 증거가 된다. 게다가 사실 자기에게 복종만 하는 왕국 전체를 증오할 정도로 그렇게 혹독한 마음을 지닌 자로부터, 그리고 사랑한다는 것이 무엇인지를 알지 못하기 때문에 스스로 빈곤해지고 자신의 왕국마저도 파괴하는 그런 자로부터 대체 무슨 우정을

· ·

127. 소수의 고귀한 자들 역시 폭군을 따르기보다는 그를 경계해야 한다는 의미이다. 폭군은 그들을 잔인함의 희생물로 삼을 것이기 때문이다. 즉 폭군은 오직 자기만의 개인적 이득을 챙기는 자이다.

128. 부르스는 네로황제의 스승이었으며, 세네카와 함께 네로 통치 초기에 행정을 담당했다. 그가 62세가 되던 해에 네로가 그를 감금하고 살해했다고 전해진다. 세네카 역시 65세에 사형에 처해졌다. 트라세아스는 네로에 반대했던 인물로 66세에 사망했다.

기대할 수 있단 말인가?[129]

세네카와 브루스 그리고 트라세아스가 네로 곁에서 고심
끝에 찾아낸 너무 고귀한 자들이었기 때문에 그런 불행을
경험하게 되었다고 말하고자 한다면, 그의 곁에서 은총을
얻었던, 그리고 사악함 덕분에 그런 자리를 꿰찼던 모든 이들
이 더 오래 산 것도 아니었음을 사람들은 알게 될 것이다.
네로가 포파이아Poppaea Sabina[130]에게 했던 그런 광적인 사랑에
대해서, 그런 고집스런 애정에 대해서 들어본 자 누가 있겠으

• •

129. 사랑은 우정의 다른 말이다. 우정이 관계의 맺음에 의해 형성되는
것이라면, 그것은 '연속성'이라는 개념과 밀접한 연관이 있다. 이와
달리 폭군이 사랑을 모른다는 말은 연결을 통한 연속성을 알지
못한다는 말과 다르지 않다. 폭군은 단절을 꾀함으로써만 권력을
유지할 수 있는 자인 것이다. 잔인함이라는 자연성을 벗어난 속성을
지닌 그는 이미 자연과 단절되었으며 동시에 타인과 단절되어버린
고립된 존재이다. 이 점에서 라 보에시가 고대를 환기하는 이유를
찾을 수 있다. 고대와 지금을 연결하는 것, 고대의 이야기를 참조하
는 것, 고대에서 사례를 가져오는 것, 이 모든 행위는 과거와 현재
사이의 단절을 거부하는 행위이기도 하다. 따라서 고대에 대한
그의 언급을 인문주의자로서의 지식의 박식함을 드러내기 위한
것으로만 보기는 힘들다.

130. 네로의 두 번째 부인으로 야심이 많은 여인이었다. 네로의 어머니
아그리피나는 네로에게 그녀를 멀리할 것을 종용했지만, 이에 분노
한 네로는 어머니를 살해하고, 첫 번째 아내 옥타비아를 폐위시킨
후 포파이아와 결혼했다.

며, 그렇게 한 여인에게 고집스럽게 집착한 자를 본 적이 있겠는가? 그런데 그녀는 그에 의해 독살 당했다. 그의 어머니 아그리피나Agrippina는 그를 왕좌에 앉히기 위해 자신의 남편 클라우디우스를 살해했다. 그녀는 아들에게 유리하도록 모든 것을 계획했고 모든 것을 견뎌냈다. 그러나 그녀가 젖을 먹여 키운 이 아들, 그녀가 자신의 손으로 황제가 되게 해주었던 그는 그녀를 가혹하게 다룬 후에 목숨을 앗아갔다.[131] 그 이후부터 그녀가 자신이 낳은 자에 의해서가 아니라 만약 다른 어떤 이에 의해 그런 일을 당하게 되었다고 하더라도 그런 벌을 받는 것이 마땅한 것이었음을 아무도 부인하지 않게 되었다. 황제 클라우디우스보다 훨씬 단순하고, 아니 좀 더 부언한다면, 훨씬 미련해서, 다루기가 훨씬 쉬운 이가 또 누가 있었던가? 메살리나Messalina[132]를 향해 그가 했던 것만큼 한 여인에 대한 열정적인 사랑에 빠진 자가 또 누가 있단 말인가? 그러나 그는 그녀를 사형집행인에게 넘겨버리고 말았다. 짐승 같은

. .

131. 네로의 어머니 아그리피나는 아들에게 황제의 지위를 물려주기 위해 남편 클라우디우스를 독살했으며, 합법적인 계승자인 큰 아들 브리타니쿠스의 왕위 계승권을 탈취했다. 라신의 작품『브리타니 쿠스(Britannicus)』는 이 사건을 다룬다.
132. 클라우디우스의 세 번째 부인으로 다른 남자와 간통했다. 황제의 네 번째 부인은 아그리피나로 메살리나의 조카딸이었다.

폭군들은 추호도 선을 행할 수 없을 정도로 그렇게 짐승으로 남아 있다. 이유는 잘 모르겠지만, 만약 이런 폭군들에게 약간의 소박함이라는 것이 남아 있다고 할지라도 그것은 자기와 가까운 자들을 향해 잔인함을 사용하기 위해서 그나마 남아 있는 정신 속에서 깨어난다. 자신이 가장 사랑하고, 그녀가 없다면 살 수 없을 것만 같은 그런 여인의 드러난 목을 보고서 내가 명령만 내린다면 이 아름다운 목은 조만간 잘리고 말 것이라는 그런 달콤한 치사를 여인에게 던지는 자에 대한 말들은 차고 넘친다. 바로 이런 이유로 대부분의 고대 폭군들은 자신들의 총신들로부터 죽음을 당했다. 폭정의 성정을 알고 있던 이들은 폭군의 의지를 추호도 믿을 수 없었으며 그의 권력을 경계하였다. 그런 식으로 도미티아누스Domitianus는 스테파누스Stephanus에게, 콤모두스Commodus는 자신의 한 정부에게, 카라칼라Caracalla는 마크리누스 황제Macrinus에 의해 꾀드김을 받은 로마의 대장 마리누스Marinus에게, 그리고 그와 같이 다른 모든 이들도 죽임을 당했다.[133]

이것을 보더라도 폭군이 결코 사랑을 하지 않으며, 사랑을

· ·
133. 네로의 잔인성을 환기하고, 여러 사례를 거듭하면서 폭군들의 비극적 종말을 언급하는 것은 잔인함과 비극이 '계속 이어진다'는 점을 강조하기 위해서이다.

받지도 않는다는 점은 분명하다. 우정은 성스러운 이름이고 신성한 것이며, 그것은 고귀한 자들 사이에서만 존재하고, 서로에 대한 존중에서 태어난다. 그것은 호의에 의해서가 아니라 정직함으로 지탱된다.[134] 다른 이를 믿을 만한 친구로 만드는 것은 다른 이의 전부를 이해한다는 것이다. 친구는 자신의 착한 본성, 충실성, 한결같음을 우정의 담보로 삼는다. 잔혹함, 배신, 부정이 있는 곳에 우정이 있을 수는 없다. 사악한 자들이 서로 한 곳에 모이게 되면 그것은 음모이지 벗들의 공동체가 아니다. 그들은 서로를 좋아하지 않으며 오히려 서로를 두려워한다. 그들은 친구가 아니라 공모자들이다.[135]

. .

134. 군주제와 폭정을 구분하지 않는 라 보에시는 우정이란 상호에 대한 존중과 신뢰에 기초를 두고 있기 때문에 자발적 복종이든 강제적 복종이든 한 사람에 의한 통치는 우정과 상호 병립할 수 없다는 견해를 드러낸다. 이 점에서 라 보에시가 플루타르코스의 『결혼의 규칙(Les Règles de mariage)』을 번역한 까닭을 추측할 수 있다. 플루타르코스에 따르면 결혼은 상호간의 합의에 의해 유지될 수 있으며, 각자는 이것을 준수해야만 한다. 배우자 사이의 육체적 결합과 서로에 대한 사랑과 같은 합의만이 상호간의 완벽한 결합을 보장할 수 있다는 것이다. 라 보에시의 번역은 결합과 연대의 중요성을 전파하려는 의도에 기반을 두고 있는 것이다.

135. 라 보에시가 언급하는 우정은 기독교적 의미를 지니지 않는다. 자비(caritas)에 근원을 둔 종교적 차원의 우정은 각자가 자신의 개인성을 상호 존중에 희생시키기 때문이다. 이때의 우정은 자신의 포기이며 타인의 이익을 위한 자신의 물러남에 해당한다. 이것은

설령 그렇지 않다고 할지라도 폭군에게서 믿을 수 있는 사랑을 발견하기란 어려울 것이다. 왜냐하면 모든 이들보다 위에 있고, 맞설 만한 자를 갖지 못한 그는 이미 우정의 경계 밖에 위치해 있기 때문이다. 우정은 평등함 안에서 꽃을 피우고,[136] 그것의 발걸음은 언제나 동등하며, 결코 절뚝거릴 수 없다. 바로 이런 이유로 도둑들 사이에도 흔히 말하듯이 노획물을 나눌 때에는 일종의 선의라는 것이 있다. 그때의 그들은 그 안에서는 모두 공평하고 동지들이기 때문이다. 그들은 서로를 좋아하지 않지만 적어도 서로를 두려워한다. 그들은 서로 흩어짐으로써 자기들의 힘을 줄이고 싶어 하지 않는다. 그런데 폭군의 총신들은 결코 그를 신뢰할 수 없다. 그가 모든 것을 할 수 있으며, 어떤 법이나 의무도 그를 강제하지

••

개인이 아니라 공동체를 우위에 둔 개념이다. 여기에서 개인은 개인성을 버리고 집단의 이익을 지향해야 한다. 이와 달리 라 보에시는 각자의 개인적 가치가 완벽하게 존중받는 우정의 필요성을 피력한다. 그는 상대의 호의에 의한 우정을 거부한다.

136. 비유법은 논리적인 글 안에서 사용되면서 글을 부드럽게 만드는 효과가 있으며 이로 인해 설득력이 강화시키는 기능을 갖는다. 그러나 은유의 본래적 가치가 사물들 사이의 감추어진 공유점을 발견하는 것에 놓여 있다면, 우정을 통한 공동체의 형성 그리고 서로를 형제로 간주하라는 주장은 은유의 연대적 속성에 부합한다고 말할 수 있다. 따라서 라 보에시가 자신의 글쓰기와 논리를 일치시키기 위해 비유법을 의도적으로 사용했다고 파악할 수 있다.

않으며, 판단의 근거로는 오직 그의 의지만이 있고, 그에게 견줄 수 있는 자는 없으며, 그가 모든 이들의 주인이라는 것을 그들이 폭군에게 몸소 가르쳐주었기 때문이다. 따라서 명백한 여러 사례들이 있음에도 불구하고, 또한 내재된 위험을 알고 있음에도 불구하고, 아무도 타인의 비참에서 교훈을 얻으려 하지 않고 수많은 사람들이 여전히 폭군들에게 기꺼이 다가가는 것은 참으로 한탄할 만한 일이 아니겠는가? 「꾀병을 피우는 사자」라는 우화 속 여우처럼 폭군들에게 "나는 네 소굴을 기꺼이 방문하겠다. 그런데 그곳에 들어가는 짐승들의 흔적은 수없이 보았건만, 거기서 나오는 짐승들은 한 마리도 보지 못했다"라고 말하는 신중함과 용기를 가진 사람이 한 명도 없다는 것은 한탄할 만한 일이 아니겠는가?

이 비참한 자들[137]은 폭군의 보물들이 번쩍이는 것을 바라본다. 완전히 넋이 빠진 그들은 빛나는 웅장함에 경탄한다. 그 번득임에 유혹당한 그들은 자기도 모르게 다가가며, 그들을 반드시 삼켜버리고야 말 불꽃 속으로 몸을 던진다. 그렇게 고대 우화가 전해주는 경박한 사티로스는 프로메테우스의

• •

137. 라 보에시는 민중의 속성을 가리키기 위해 사용했던 형용사를 폭군의 총신들에 대해서도 사용한다. 그들 모두는 동일하게 사악한 폭군의 희생자들이기 때문이다.

유혹적인 불이 빛나는 것을 보고는 그것이 무척이나 아름답다고 여겨 그것을 껴안으려다가 불에 타버리고 말았다. 그런 식으로 반짝이는 것을 보고 기쁨을 맛보기를 바랐던 나비는 불 속으로 뛰어들어, 토스카나의 시인[138]이 말한 것처럼, 그 불이 태워버릴 힘도 있다는 것을 곧바로 느끼고야 말았다.[139]

그런데 이 추종자들이 자신들이 떠받드는 자의 손아귀를 벗어난다고 하더라도, 그의 뒤를 이은 군주의 손아귀로부터 자신들을 구해내지는 못한다.[140] 그가 선한 군주라면 그때에는 그에게 그가 행한 범죄에 대한 설명을 요구해야만 한다. 그가

• •

138. 페트라르카를 가리킨다. 『칸초니에레(Canzoniere)』 19편에서 다루어지고 있다.

139. 배운 자들이든, 학식 있는 자들이든 모두 권력에 매혹 당하는데, 그것은 그들이 권력을 지향하기 때문이다. 그들 역시 지배자가 되고 싶어 하는 것이다. 이것은 복종의 원인에 심리적이고 인간 본원적인 것이 있다는 지적에 해당한다. 관습도 복종의 한 이유이긴 하지만 폭군은 이런 인간 심리를 이용하는 자이다. 여기에서 라 보에시의 독창성이 권력과 복종의 관계를 정치적인 측면이 아니라 심리적이고 인간 본성적인 차원에서 다룬다는 점에 있다는 것이 다시 한 번 확인된다.

140. 폭정의 연속성에 대한 언급이다. 이것은 인간의 본성이 그러하기 때문이라는 것과 동시에 폭군의 권력이 결코 사라지지 않는다는 회의적 관점도 내포할 수 있다. 그러나 영속적인 폭정에 맞서 부단히 우정을 논하고, 복종의 원인을 찾는 행위가 계속되어야 한다는 그의 주장은 회의주의자의 태도를 벗어나기도 한다.

예전의 군주들처럼 사악하다면 그는 자신의 선조들처럼 반드시 추종자들을 갖기 마련이며, 이들은 다른 자들의 자리를 꿰차는 것에 만족하지 않고, 대개의 경우 이들에게서 재산과 목숨을 빼앗아온다. 따라서 그와 같은 위험한 상황에서도 별 보장책도 없으면서 그런 불행한 자리를 차지하고, 많은 고통을 겪으면서도 그토록 위험한 주군을 섬기려 하는 누군가가 있다는 것, 이것이 대체 어떻게 가능하단 말인가?[141] 위대하신 신이시여, 이 얼마나 큰 고통이고, 큰 시련이란 말인가? 한 사람의 환심을 사기 위해 밤낮없이 몰두하고, 그렇게 함에도 불구하고 세상의 그 누구보다도 그를 더 불신해야 한다는 것은! 어디로부터 일격이 가해질지를 엿보기 위해, 계략을 발견하기 위해, 경쟁자들의 낯짝을 타진하기 위해, 배반을

••
141. 이 책의 앞에서 제기했던 복종의 이유에 대한 질문을 되풀이한다. 책의 앞과 뒤에서 동일한 질문을 던지면서 작품의 내부적인 유기적 구조를 강화하고, 나아가 작품의 연속성과 통일성을 염두에 둔 라 보에시를 발견할 수 있다. 이것은 작품의 처음과 끝이 서로 맺어 있다는 것, 처음의 질문이 지속되고 있다는 측면에서 우정을 통한 연계라는 관점과도 조응한다. 주장과 글쓰기의 일치를 통해 말의 진실을 추구하는 이런 태도는 서두에서 암시된 오디세우스의 대중연설이 지닌 선동성에 대한 비판과도 일치한다. 라 보에시는 말과 글이 진실의 추구라는 길 위에서 결합하기를 희망하며 또한 그것을 스스로 실천하고 있기도 하다.

알아차리기 위해 매복을 해야 하고 언제나 응시해야 하며, 감시에 귀를 기울여야 한다는 것! 아무에게나 미소를 지으면서도 모두를 경계해야 하는 것! 노골적인 적도 신뢰할 만한 친구도 없으며, 마음이 원치 않는대도 웃는 얼굴을 언제나 보여줘야 한다는 것! 즐거워할 수도, 감히 슬퍼할 수도 없다는 것은!

하지만 이 커다란 고통에서 그들에게 되돌아가는 것이 무엇인지를 생각해보고, 고통과 비참한 삶으로부터 기대할 수 있는 행복이 무엇인지를 생각해보는 것은 진정 의미가 있다. 민중이 자신들이 겪고 있는 고통을 두고 비난하는 대상은 폭군이 아니라 바로 자신들을 지배하는 자들이기 때문이다. 민중, 백성, 농민과 노동자에 이르는 이 모든 사람들은 앞다투어 그들의 이름을 알고 있고, 그들의 죄악을 하나하나 들춰 보인다. 이들은 수많은 모욕과 모독 그리고 저주를 그들에게 쏟아 붓는다. 모든 기도와 맹세가 그들을 향해 던져진다. 모든 불행과 페스트 그리고 기근에 대해서 이들은 그들을 비난한다. 설령 그들에게 겉으로는 경의를 표한다고 할지라도, 동시에 이들은 그들을 마음 깊은 곳에서부터 저주하고, 야생의 짐승들보다도 훨씬 더 많이 그들을 두려워한다. 바로 이런 것들이 폭군을 섬기면서 그들이 민중으로부터 얻게 영광이고 명예이다.[142] 민중은 그들의 몸 한 조각을 갖게 될지라도 여전히 만족하지 않을 것이며, 자기들이 겪은 고통의 반도 위로받지 못했다고 여기게 될 것이고, 민중이 죽은 후에도 그들의 후손들은 꾸준히 이 민중의 포식자mange-peuples들의 이름이 수많은 펜의 잉크로 더러워지지 않도록, 그들의 평판이 수많은 책들 속에서 찢겨나가지 않도록 할 것이며, 심지어 그들이 죽어 사라진 뒤에도 그들의 뼈를 진흙탕 속에서 질질 끌고 가면서 그들의 사악한 삶을 처벌할 것이다.[143]

그러니 배우도록 하자. 잘 행동하는 것을 배우도록 하자. 우리의 명예 혹은 우리의 미덕에 대한 사랑을 위해, 아니 더 나아가 우리의 행동을 충실히 증명해주시고 우리의 잘못을 심판하시는 전지전능한 신의 명예와 사랑[144]을 위해서 눈을

• •

142. 이 단락에서 발견되는 조롱조의 어조는 라 보에시에게 지속되는 폭정으로 인해 고통에 처하게 되는 인간에 대한 안타까움을 담아낸다. 그의 조롱과 비판은 인간의 속성을 비판하기 위해서가 아니라 자연이 부여한 본연의 모습을 인간이 되찾아야 한다는 것을 말하기 위해 이 책을 쓰게 되었다는 암시이기도 하다.

143. 라 보에시가 폭군의 부당함을 주장해야만 하는 사람들로 규정한 것은 민중이 아니라 권력의 시녀인 지식인들, 권력자들, 정치인들 소수의 잘 태어난 자들, 고귀한 자들이다. 폭군이 문제가 아니라 바로 이런 "민중의 포식자들(mange-peuple)"이 라 보에시가 이 책에서 비판하고 겨냥하며 권고하는 대상이다.

144. 신에 대한 의지를 호소한다는 측면에서 라 보에시가 어떤 구체적인

떠서 하늘을 바라보자.[145] 폭정보다 선량하고 자유로운 신에게

해결책을 제시하지 못한다는 비판이 가능하다. 그러나 그의 목적은
자유를 획득하기 위한 해결책을 제시하거나, 바람직한 정치체제를
소개하는 데 있지 않았음을 상기할 필요가 있다.

145. 작품의 화자인 라 보에시는 마치 집단을 이끄는 엘리트의 권한을
지닌 자처럼 말한다. 폭군의 본성을 지적하고 자유를 위한 조언을
하고 있다는 측면에서 그가 폭군을 뒤따르는 총신들, 혹은 소 폭군들
의 조언에 맞서고 있다는 인상을 갖게 한다. 그래서 이 단락에
사용된 "우리(nous)"는 민중이 아니라 소수의 엘리트들을 가리키는
것으로 보는 것이 적절하다. 미덕과 이성을 지닌 이 소수의 사람들은
민중에게 소 폭군으로 남아 있지 말아야 하며, 오히려 민중이 자유의
본래적 속성을 인식하도록 깨우치는 역할을 담당해야 한다. 따라서
라 보에시가 이 책의 도입부에서 사용한 "곰곰이 따져 생각해본다면
(à parler à bon escient)"이 암시하듯이 그가 이 책을 통해 하는
말은 오디세우스가 했던 것처럼 일반대중을 위한 연설일 수는
없었다. 그는 오히려 소수의 사람들이 지닌 책임과 역할 그리고
권력을 지향하는 그들의 잘못 등을 지적하면서 복종의 메커니즘을
밝히려는 것이다. 따라서 그는 구교의 권력에 맞선 신교가 주장한
민중정부(gouvernement populaire)를 지지할 수 없었다. 또한 그를
반 왕권주의자로 간주하며 민중에 의한 통치형태의 지지자로 간주
하는 것 역시 적절하지 않다. 심지어 그의 주장을 민주주의 정신과
연계하여 해석하는 입장 역시 이 책을 쓴 라 보에시의 본질적
목적에서 벗어난다. 어떤 정치형태에 대한 지지를 표명하는 대신에
라 보에시는 공동체의 연대를 파괴하는 유무형의 폭력을 비판의
대상으로 삼는다. 이 점에서 라 보에시가 독자를 자극하고 교훈을
주려고 말하지 않는다는 것을 확인할 수 있다. 그는 단지 독자가
복종의 근원과 자유의 본질을 성찰하기를 권고할 뿐이다. 자신의
내면을 되돌아보면서 부당한 복종의 본질적 원인을 스스로 생각해

대항하는 것은 없다는 생각, 신은 폭군들과 그들의 공모자들을 위해 몸소 이 땅에 어떤 특별한 몫을 남겨두었다는 나의 생각은 틀리지 않을 것이다.

볼 수 있고, 스스로를 되돌아볼 수 있는 자들, 즉 소수의 잘 태어난 사람들, 그러나 폭군 앞에서 자아를 쉽게 잃어버리는 자들에게 복종의 근본적 이유를 따져보도록 촉구한다. 그래서 그는 "잘 행동하는 것을 배우도록 하자(apprenons à bien faire)"라는 표현을 사용하지 않을 수 없었다.

우리는 왜 자발적으로 복종하는가?

1. 작가 생애와 작품의 사후 평가

이 책은 Éitenne de La Boétie, *Discours de la servitude volon-taire*, éd. André Tournon, Paris, Vrin, 2014를 옮긴 것이다. 저자 라 보에시의 생애에 대해서는 알려진 것이 많지 않다. 몽테뉴가 영혼의 "형제"라고 불렀던 그는 1530년 11월 1일 프랑스 남서부 페리고르 지방Périgord의 소도시 사를라Sarlat에 서 태어났다. 백년전쟁으로 몰락한 귀족들의 재산을 사들여 부를 축적한 선조들 덕분에 라 보에시의 아버지 앙투안Antoine 은 신분 상승을 누릴 수 있었으며, 왕실 외교를 담당했던 페리고르 지방의 명문가 딸인 필립 드 칼비몽Philippe de Calvimont

과 결혼하였고, 1524년에는 페리고르 시정관, 1525년에는 페리고르 지방판관 특별부사관 등의 요직을 맡았다. 이 책의 저자인 라 보에시는 10세가 되던 해에 고아로 남게 되었으며, 가톨릭 신부였던 동명의 삼촌 에티엔에게 맡겨진다.

그가 받은 교육에 대해 특별히 알려진 것 역시 없지만 1553년 9월 23일자 오를레앙 대학 학적부에는 그가 법학사 학위를 받은 기록이 남아 있다. 그럼에도 불구하고 크세노폰과 플루타르코스를 번역했으며 사랑을 주제로 삼은 29편의 시를 작성하기도 했던 그의 뛰어난 인문학적 지식은 세간에서 인정을 받은 것으로 추측된다. 1553년 10월 13일 국왕 앙리 2세에 의해 궁정 서기관직이 수여되었기 때문이다. 게다가 이듬해 5월 17일 보르도 고등법원 서기관직을 얻게 되는데, 이것은 법조인이 될 수 있는 법적 허용 연령보다도 2년 앞선 것이었다. 1560년 이후에 그는 프랑스대법관 미셸 드 로피탈Michel de L'Hospital과 함께 종교전쟁을 일으킨 신교와 구교 간의 다양한 협상 자리에 모습을 나타냈으며, 존경을 한 몸에 받던 추기경 랑슬로 드 카를Lancelot de Carle의 누이이자 과부였던 마르그리트와 결혼도 하게 된다. 그러나 당시에 유행했던 결핵으로 추정되는 질병에 걸려 1563년 8월 14일 33세의 나이로 사망하게 된다. 우리가 『수상록』이라는 정확하지 않은 이름으로 알고 있는 『에세*Essais*』의 작가 몽테뉴가 그의 마지막 순간을 함께 했다고 알려져 있다.

사실 라 보에시가 생전에 간행하지 못한 이 소책자 『자발적 복종에 대한 논설』(이하 『자발적 복종』)은 총명했던 젊은 인문주의자의 지식과 사고의 엄정함을 반영한다는 사후의 평가를 받지만, "모호한"이나 "이상한" 심지어 "신비한"이라는 형용사가 이 책에 자주 부여되었다. 제목이 "복종"과 "자발적"이라는 상호 대립하는 두 용어를 결합하고 있는 것에서 짐작할 수 있듯이, 작품은 단 하나의 논지를 찾아낼 수 없을 정도로 다양한 내용을 포함하기 때문이다. 모든 권력구조를 비판한다는 취지를 인정받으면서도, 바람직한 정치체제를 대안으로 제시하지 않는다는 한계를 지적받는 작품에서 내용과 의미 그리고 저자의 의도를 쉽게 파악하기는 다소간 힘들다. 심지어 고대의 사례들에 대한 언급들이 곳곳에서 등장하기 때문에 "수많은 곳에서 책들로 괴롭힘을 당하고" 있다고 비난을 받기도 했으며, 그래서 일종의 "교묘한 짜깁기"라는 혹평도 받았다. 다양한 해석을 가능하게 만드는 『자발적 복종』은 어떤 면에서는 "미완성" 작품이라고 규정될 수 있을 정도이다.

그럼에도 불구하고 라 보에시의 『자발적 복종』이 폭정에 맞서 민중에게 '저항'을 권유하는 작품이라는 일관된 어조의

해석은 현재까지 꾸준히 이어져 왔다. 외국의 사례를 언급하기 전에 이런 맥락을 선택한 한국에서의 작품 수용 상황을 간단히 살펴볼 필요가 있다. 우선 지금까지 두 종의 한국어 번역본이 있다. 이 중 한 권은 옮긴이 서문에 「부마항쟁과 라 보에시」라는 제목을 달면서 작품을 마르크스주의 운동과 아나키즘 운동의 맥락에서 파악한다. 또한 다른 한국어 번역본은 「복종할 것인가, 자유로울 것인가」라는 역자 서문을 통해 복종에서 벗어나 자유인이 되어야 할 대중의 역할을 다루면서 한국사회의 억압된 현재를 환기한다. 이런 해석들이 제기한 정치적 부조리에 대한 비판은 분명 인정받아야 할 것이다. 그러나 라 보에시의 작품에 민중 저항의 권유라는 의미를 부여하는 것은 복종의 '근본적 원인'을 다각도로 탐색한 이 작품에게 단 하나의 해석만을 강요하는 오류를 범할 수 있다.

그런데 이처럼 라 보에시를 "폭군에 대한 저항"의 권유자로 고려하고, 그의 작품을 자유와 민주의 측면에서 해석하는 역사는 매우 오래된 것이기도 하다. 우선 그 기원에는 『자발적 복종』을 자신들의 유산이자 대변인으로 삼은 16세기 후반기 신교도들의 입장이 있다. 그리고 이런 상황은 몽테뉴가 1580년 『에세』 초판 1권 28장에서 이 책의 한 복판, 즉 29장에 라 보에시의 『자발적 복종』을 소개하겠노라고 예고했음에도 불구하고 그것을 싣지 못한 이유, 또한 라 보에시가 작품을 작성한 것이 18세였다고 1580년 초판에서 밝혔음에도 불구하고 1588년 보르도 판본에서 16세로 몽테뉴가 그의 나이를 수정한 이유와도 밀접하게 관련된다.

흔히 라 보에시가 작품을 작성하게 된 원인으로 1548년의 소금세 강제납부에 항거한 기엔Guyenne 지방 농민들의 봉기와 이들에 대한 앙리 2세의 탄압이 종종 제시된다. 그러나 1548년 이후의 상황에 대한 암시들이 작품 내부에서 발견되는 까닭에 이런 주장에 신빙성이 있다고 말하기는 힘들다. 오히려 라 보에시가 여러 번에 걸쳐 작품을 썼을 것이라는 추측도 가능하고, 심지어 몽테뉴가 작품의 저자라는 주장도 제기되었다. 작품의 기원을 파악하는 데 있어서 여러 장애물들이 있는 셈이다.

몽테뉴는 1563년 죽음을 앞둔 33세 젊은 라 보에시로부터 그의 저작들과 책들을 유언의 형식으로 넘겨받았다. 그리고 1580년 『에세』에서 이 책들을 출판할 것을 밝힌다. 라 보에시가 번역한 크세노폰의 『가사관리家事管理, La Ménagerie』나 플루타르코스의 『결혼의 규칙Des Règles du mariage』이 파리의 프레데릭 모렐 출판사에서 몽테뉴 덕분에 1571년에 간행되지만, 『자발적 복종』이 『에세』 1권의 한 복판인 29장에서 소개될 것이라던 초판의 예고와는 달리 1588년 이전 판본들의 1권 29장에는 라 보에시의 29편의 소네트가 대신 삽입된다. 몽테뉴는 『자발적 복종』을 소개하겠다는 약속을 계속 연기한 것이다. 여기에는 이유가 있다.

종교전쟁의 한복판이던 1574년, 몽테뉴가 바라던 바와는 달리 라 보에시의 『자발적 복종』은 신교의 정치풍자서인 『깨어나는 아침Le Réveille-Matin des François et de leurs voisins』에 저자의 이름이 밝혀지지 않은 상태로 일부분이 발췌되어 처음 소개된다. 그리고 1577년에는 극단적 신교도인 시몽 굴라르 Simon Goulart가 군주제를 비판하기 위해 작성한 『샤를 9세의 프랑스 회고록Mémoires des Etats de France sous Charles le Neuvesme』에 그 전문이 수록된다. 이 『회고록』은 이듬해에 3판까지 인쇄되어 보급될 정도로 많은 인기를 얻었다. 1572년에 생 바르텔르미 대학살을 경험한 신교도들이 가톨릭 중심의 군주제에 대해서 회의와 분노를 느꼈기 때문일 것이다. 물론 『회고록』에 실린 라 보에시 작품에 『일인통치에 맞서Le Contr'Un』라는 제목이 붙여진 것에서 알 수 있듯이, 『자발적 복종』은 반 군주제를 지지하는 작품으로 간주되어 읽혔다. 군주제의 폭정에 맞서 저항을 시도했던 신교도들의 명분을 지지하고, 국왕에 맞서 봉기를 촉구하는 작품으로 종교전쟁을 경험한 동시대인들이 이해한 것이다. 이런 상황은 『자발적 복종』을 『에세』 안에 포함시키려 했던 몽테뉴를 주저하게 만들 수밖에 없었다. 『자발적 복종』에 대한 세간의 잘못된 해석은 군주제 자체를 거부하지 않는 자신의 입장을 미묘한 상태에 빠지게 만들 위험이 있었기 때문이다. 그리하여 16세기에 간행된 『에세』의 어떤 판본도 『자발적 복종』을 수록하지 않게 된다. 반면에 『자발적 복종』은 다수의 신교도들이 거주했던 주네브와 네덜란드에서 폭정에 맞서 민중봉기를 촉구하는 작품으로 해석되며 꾸준히 간행된다.

17세기의 절대왕정 시기에 접어들면서 추기경 리슐리외 Richelieu가 이 책을 찾는 데 고생이 많았다고 말한 것에서 알 수 있듯이 라 보에시 작품은 정치적 혹은 문학적 반향을 얻지는 못한 것으로 보인다. 그러나 1727년 피에르 코스트 Pierre Coste는 몽테뉴의 『에세』를 간행하면서 그 안에 『자발적 복종』을 포함시킨다. 이 덕분에 『자발적 복종』은 16세기와 일련의 공감대를 갖고 있던 프랑스대혁명의 분위기 속에서 정치권력에 대항하는 이데올로기 선언문으로서의 위상을 다시 얻게 된다. 심지어 1789년에 출간된 판본은 공포정치를 추진했던 마라 Jean-Paul Marat와 같은 애독자를 낳기도 했다. 마라는 1792년에 『자발적 복종』의 표절이라고 할 수 있는 『굴종의 사슬 Les

Chaînes de l'esclavage』을 파리에서 간행하면서 라 보에시를 자유의 옹호자로 내세우기도 했다. 그러나 그는 복종을 지배의 불가피한 정치적 결과로 간주하고, 항거할 수 있는 힘에 대한 이론서로『자발적 복종』을 이해했을 뿐만 아니라, 복종과 지배 사이의 본질적 구분을 다루지는 않았다. 이 책의 본질을 왜곡한 것이다. 마라의 작품 안에서 라 보에시가 말하고자 했던 복종의 자발성에 대한 철학적 깊이는 소멸하고 말았다.

　19세기 역시 프랑스대혁명의 시대와 다른 관점을 지니지 않았다. 파리와 리용에서 새로운 형태의 프롤레타리아 봉기가 있었던 1835년에 가톨릭 신부 라므네Lamenais는 "정의에 대한 사랑, 인간에 대한 사랑, 그리고 독재에 대한 증오"를 여전히 『자발적 복종』에서 읽어냈으며, 11년 뒤 정치철학자 피에르 르루Pierre Leroux는 라 보에시에게 "공화주의자"라는 명칭마저 부여한다. 루이 필립(1830-1848)과 제2제정(1851-1870) 시기에 16세기 라 보에시의 작품은 민주정을 지지하는 선전물의 역할을 담당하게 된 것이다. 폭정에 대한 비판과 자유에 대한 요구가 강렬해지는 가운데 1862년 오귀스트 베르모렐Auguste Vermorel은 라 보에시를 1789년 프랑스대혁명의 영웅적 선조라고 치켜세운다. 젊은 인문주의자는 마침내 급진적 혁명주의자의 이미지를 얻게 된 것이다.

20세기 초반에도 라 보에시는 여전히 노동해방의 주창자, 심지어 프롤레타리아 혁명의 선언자로 간주되었다. 그는 "근대인의 인류학"을 구축한 설립자이거나 "민중정부" 설립에 기여한 자였으며, 1963년에 프랑스 공산당이 설립한 "에디시옹 소시알Editions sociales" 출판사는 "민중의 고전Les Classiques du peuple" 총서에 『자발적 복종』을 포함시키면서 평등하고 자유로운 민중사회 구축의 대변자, 폭정의 거부를 민중에게 촉구하기 위한 지침서를 쓴 사상가로 라 보에시를 소개한다. 16세기가 부여했던 자의적 제목 『일인통치에 맞서』의 명맥을 잇는 이런 의견들은 현대에도 꾸준히 살아남았다. 『자발적 복종』의 일부 현대 판본들이 근대국가에서 "인간의 존재론적 위엄"을 되살린 민중의 구원자로 라 보에시를 다루는 이유가 여기에 있다.

그를 시민 불복종의 선동자로 여기는 이와 같은 다양한, 그러나 당파적이고 전투적인 어조로 채색된 해석들은 『자발적 복종』의 모호한 논지와 시대 상황이 결탁하는 가운데 만들어졌다고 말할 수 있을 것이다. 그렇지만 이것은 역설적으로 다양한 해석을 불러일으킬 정도로 매우 매력적이고 함축적인 의미를 작품이 다루고 있다는 반증이기도 하다. 라 보에시가 언급하는 대상이 폭군과 민중, 자연과 복종, 지식인의 역할과 우정의 필요성 등 매우 근본적인 주제들이라는 사실은 서로 다른 시대가 자기시대의 정치적 요구를 반영하며 성급하게 작품을 읽어내게 만든 동인이기도 했다. "자발적"이라는 형용사를 "복종"이라는 현상에 부여할 수밖에 없었던 라 보에시의 고유한 관점이 그의 사후에 소멸한 것은 어찌 보면 당연한 것인지도 모른다.

2. 라 보에시의 궁극적 의도

그런데 군주제에 맞서 공화정의 구축을 지지한 자로서의 라 보에시의 이미지는 작품 첫머리에 놓인 호메로스의 인용에 대한 잘못된 해석에 기인할 수 있다.

"여러 명의 지배자를 섬기는 것이 바람직하다고는 추호도 생각하지 않는다"
"지배자는 단지 한 명이어야 하며, 단 한 명만이 국왕이어야 한다"

호메로스에 따르면 오디세우스는 이런 식으로 대중 앞에서

연설을 했다. 만약 그가

　　"여러 명의 지배자를 섬기는 것이 바람직하다고는 추호도
　생각하지 않는다"

라고만 말했다면 그것만으로도 충분했을 것이다. 하지만 한
사람의 권력은 그가 지배자라는 호칭을 얻게 되는 순간부터
가혹해지고 이치를 거스른다. 따라서 현명하게 생각을 한
끝에 여러 명의 지배는 좋지 않을 수 있다고 말하기보다 그는
거꾸로 "지배자는 단지 한 명이어야 하며, 단 한 명만이 국왕이
어야 한다"라는 말을 덧붙이고 말았다. 군대의 소요를 가라앉
히기 위해 당시에 이런 말을 해야만 했던 오디세우스를 아마
용서해야 할 것이다. 내가 보기에 그의 말은 진실이라기보다는
상황에 더 적절했기 때문이다. 그러나 곰곰이 따져 생각해본다
면, 원하기만 한다면 언제나 사악해질 수 있는 힘을 지녔기
때문에 선善하다고 보장할 수 없는 그런 지배자에게 복종하는
것은 극도의 불행이며, 지배자가 여러 명일수록 그만큼 극도로
불행해지는 법이다.

　위 글에 따르면 호메로스의 영웅은 "국왕"과 "지배자"를

동일시하고, "지배"를 왕권의 통치와 연결시킴으로써 왕과 폭군을 구분하지 않았다. 지배자가 '진정한 국왕'이 될 수 있다고 호메로스가 생각했다면, 라 보에시는 권력에 의한 어떤 지배도 거부하며, 단 한 사람에게 자연스럽게 복종하게 만드는 모든 정치체제를 부정한다. 그는 오디세우스를 신중한 말의 모델로 삼지 않으려 한다. 또한 그는 호메로스의 국왕에 대한 관점을 간접적으로 비판하고, 더 나아가 '지배'라는 권력의 잘못된 '사용방식'을 부정한다. 그가 "가혹해지고 이치를 거스른다"라는 표현을 굳이 사용한 것도 이런 이유 때문이다. 따라서 『자발적 복종』에서 '한 사람의 폭군에 대한 항거'만을 발견하는 것은 적절하지 않다고 말할 수 있다. 일인 통치 자체가 아니라 일인이든 다수이든 권력을 남용하는 방식을 그가 문제로 삼기 때문이다. 그는 공화정과 군주제를 대립시키지 않으며, 심지어는 한 사람의 폭군에 맞서는 어떤 공동체를 전제로 삼지도 않는다.

나는 여기에서 수없이 뜨겁게 논의되었던 문제, 즉 군주제보다 다른 방식의 정치체제가 훨씬 더 나은 것인지 아닌지를 논하고 싶지는 않다. 만약 내가 그것을 논하게 된다면 공공의 이익을 다루는 다양한 방식들 중에서 군주제의 자리가 어디에 있는지를 찾기 전에 과연 군주제에게 어떤 자리라도 정말로 주어야 하는 것인지를 물을 것이다. 왜냐하면 모든 것이 단 한 명에게 귀속된 이런 통치체제에서 공공이라는 것이 있는지 믿기 힘들기 때문이다. 그렇지만 이런 문제는 별개의 논문을 요구할 것이고 온갖 정치적 분쟁을 야기할 수 있기에 훗날로 미뤄두기로 하자.

그가 보기에 공동체는 건설해야 할 어떤 실재이지 이미 존재하는 것이 아니다. "모든 것이 단 한 명에게 귀속된" 상황이 도래하면, 거기에서 어떤 "공공"이라는 것을 발견할 수 없다는 시각이 그에게 있다. 따라서 공동체라는 개념은 매우 유동적인 개념일 뿐이며, 이런 이유로 굳이 어떤 정치체제, 정치공동체가 바람직한 것인가는 논의의 대상이 되지 못한다.

이처럼 군주의 통치에 대한 라 보에시의 비판은 정치체제 형태라는 측면을 비껴간다. 또한 이미 구축된 어떤 사회체계와 관련해서 권력의 합법성 여부를 따지는 기존의 정치적 논쟁도 그의 관심을 끌지 못한다. 위 인용문에서 사용된 "다른 방식의 정치체제"라는 표현이 암시하듯이 그는 공공의 이익으로 구성되는 공동체를 운영하는 방식, 권력이 분배되는 형태가 아닌 권력을 행사하는 방식에 더 많은 관심을 가졌다. 어떤 정치체제를 지지하느냐의 문제보다도 더 심각하고 근본적인 문제, 즉 호메로스의 시대이든 자신의 시대이든, 시간과 공간을 막론하고 민중이 자발적으로 복종을 선택하는 이유를 찾으려하는 것이다.

우선 당장은 어째서 많은 사람들이, 많은 마을들이, 많은 도시들이, 많은 국가들이 단 한 사람의 폭군을 때때로 지지하게 되는지 만을 생각해보자. 이 자는 사람들이 자기에게 준 권력 말고는 다른 권력을 갖지 않는다. 그는 사람들이 견뎌내기를 원하는 만큼 그들에게 해를 끼칠 수 있는 힘을 지니고 있다. 사람들이 자신을 반대하기보다는 스스로 참고 견디는 것을 더 바라지 않는다면 그는 그들에게 어떤 해도 끼칠 수 없다. 비참하게 굴복당한 수많은 사람들이 불가항력의 무력에 의해서가 아니라, 혼자이기 때문에 두려워해서도, 자신들에게 아주 비인간적이고 잔인하기 때문에 좋아해서도 안 될 그런 자의 이름에 소위 홀리고 사로잡혀서 머리에 멍에를 지게 되는 것을 보는 일은 참으로 충격적인, 그러나 너무도 흔하고 흔해서 그것에 놀라기보다는 오히려 한탄해야 할 일이 된다.

라 보에시에 따르면 폭군의 등장은 민중이라는 존재가 있을 때만 가능하며, 어떤 면에서는 민중이 폭군을 만든 장본인이기도 하다. 군주가 다수의 권한과 힘을 자신의 권한과 힘으로 삼으면서 폭군이 되어갈 때, 이 군주에게는 자발적으로 복종을 선택하는 성향을 지닌 민중이 절대적으로 필요하다. 그래서 라 보에시에서는 "따라서 가능하다면 예속되어 있기를 바라는 이런 고집스런 의지가 어찌도 이렇게 깊숙이 뿌리를 내려서 자유에 대한 사랑조차도 자연스럽지 않다고 여길 정도가 되었는지를 이해하려고 시도해야 한다"고 주장하고, "사람들이 복종을 당하자마자 자유를 완전히 잊어버리고 그 자유를 다시 얻기 위해 깨어나는 것이 불가능하게 되는 것을 보는 일은 믿기지 않는 일이다"라고 말하며 애석해한다.

폭군이란 누구인가, 폭군과 선왕의 차이는 무엇인가라는 전통적인 정치적 논란과는 상이한 길을 그는 탐색하려는 것이다. 민중이 예속과 폭압에 놓이게 되는 근본적인 이유, 민중이 복종에 자발적으로 나서게 되는 현상을 곳곳에서 목도하게 되는 이유, 이런 자발적인 복종의 메커니즘을 파악하는 것이 그가 『자발적 복종』을 통해 시도하는 대상이다. 그리고 이런 시도는 폭정의 토대가 무엇인지를 제시한다는 측면에서는 큰 의미를 지니지만, 자발적으로 복종하는 민중이 지닐 의지가 정치적 합법성의 원천이 되지 못한다는 것을 내포한다는 점에서 민중봉기의 주창이라는 기존해석과도 분명한 차이를 드러낸다. 오히려 복종을 선택할 정도로 부패하게 되는 민중의 의지에 대한 '심리적'인 분석을 제시하려는 의도가 그에게 있었다고 말하는 것이 더 적절할 것이다.

3. 자발적 복종의 근원

라 보에시에 따르면 복종은 두려움이나 사랑을 전제로 하지 않는다. 그것은 외부의 영향에 의해 항상 이루어지는 것도 아니다. 외부의 힘은 복종의 본질적 원인이 아니다. 무력에 의한 강제적 복종은 언제나 일시적이고 가변적이기 때문이다. 따라서 민중이 겪게 될 폭군의 힘을 문제로 삼기보다는 민중 스스로 복종을 선택하는 이유를 찾는 것이 더 중요하다. 라 보에시는 다음과 같이 질문들을 던진다.

그러나 오, 위대하신 신이시여, 대체 이게 뭐란 말인가? 이것을 무엇이라 불러야 한단 말인가? 대체 이 불행은 무엇이란 말인가? 대체 이 악덕, 이 불행한 악덕은 무엇이란 말이냐?

셀 수 없는 수많은 사람들이 복종하는 것이 아니라 오히려 받들어 섬기고, 지배당하기 위해서가 아니라 재산들, 부모들, 아이들, 심지어는 자기만의 삶을 버리고 학대당하게 되는 이것은 무엇이란 말이냐? 군인들에 의해서도 아니고, 자기 피와 목숨을 지키기 위해 맞서야 할 야만의 군대에 의해서도 아니고, 헤라클레스나 솔로몬 같은 자도 아닌 단 한 사람에 의해서, 많은 경우 그 나라에서 가장 비열하고 가장 유약하며, 전쟁의 화약을 결코 마셔보지도 않고, 결투의 모래바닥을 조금도 밟아본 적도 없는, 사람들을 지휘하는 데뿐만 아니라 가장 가냘픈 여인네마저도 만족시킬 능력이 없는 인간 같지도 않은 한 사람에 의해서 탈취와 방탕과 잔혹함을 겪게 되는 이것은 무엇이란 말이냐?

"불행한 악덕"이라는 표현으로 라 보에시가 폭정을 정의하는 것은 그의 시선이 도덕적이고 정신적인 측면을 향하고 있음을 보여준다. 그는 악덕을 자유에 대한 의지의 결핍으로 정의하고, 자발적 복종은 자연이 부여한 인간의 타고난 미덕이 변질되고 왜곡되어 나타난 현상으로 간주한다. 그에 따르면 자연은 인간에게 "이성의 자연스런 싹"을 피우게 해주었다.

이성이 우리 안에 자연스럽게 타고난 것인지 아닌지를 알아보는 것 — 아카데미 지식인들에 의해 충분히 논의되었으며, 모든 철학 유파에 의해 토의된 문제 — 에 대해서라면, 지금의 내가 우리의 영혼 안에 이성의 자연스런 싹이 있다고 말하는 것이 잘못은 아닐 것이라고 생각한다.

태어날 때부터 자연성에 부합하는 것과 그것에 반하는 것을 구분할 수 있는 능력을 가지고 태어난 인간은 사물의 자연적 질서를 인식하고 본래적 질서를 인정하고 존중해야만 한다. 자유는 자연이 만든 산물이기 때문이다. 자연이 인간에게 이성을 부여했다면 인간의 본성은 자유를 본질적 속성으로 이미 삼고 있었다. 따라서 이성을 충실히 따른다면 인간은 출신이나 권력의 차이에도 불구하고 공동체를 자연스럽게 형성하게끔 되어있다. 자연적 본성은 서로가 차이를 인정하고 상호 도움을 주면서 서로를 보완하고 긴밀하게 관계를 맺을 수 있게 해준다. 그런데 인간은 이런 자연성을 쉽게 저버린다.

이런 욕망과 이런 의지는 현명한 자와 경솔한 자, 용감한 자와 비겁한 자 모두에게 있다. 그것들은 소유하게만 된다면 자신들을 행복하고 만족스럽게 만들 것이기 때문에 그들은 그것들을 소망한다. 그런데 왜 그런지는 알 수 없지만 인간들이 욕망하지 않는 단 하나의 것이 있다. 그것은 바로 지극히 위대하고 감미로운 자유이다. 그것이 상실되면 모든 악덕이 이어지고, 자유 뒤에 놓여 있던 다른 모든 행복들은 굴종으로 인해 썩어버려서 맛과 풍미를 완전히 잃어버리게 된다. 오직 이 자유, 그것을 인간들만이 유일하게 소홀히 다루고 있는 것처럼 보인다. 왜냐하면 그것을 원하기만 하면 가질 수 있을 것이라고 생각한다는 것이 유일한 이유이기 때문이다. 이 소중한 것의 획득이 너무도 쉽기 때문에 굳이 얻으려고 하지 않는 것과도 같다.

자유가 없다면 인간의 삶은 타락한다. 자유를 위해서 인간은 고대인들처럼 싸우고 죽어야만 하는 용기를 지녀야 한다. 그런데 이런 자유의 추구가 새로운 도덕적 가치를 필요로 하는 것은 아니다. 위 인용문에서 "자유"라는 어휘가 "감미로운"이라는 형용사에 의해 한정되고, "맛"과 "풍미"라는 표현이 "행복"과 함께 사용된 것에서 알 수 있듯이, 자유는 본래 자연의 산물이며, 인간의 본성에 내재되어 있다. 그것은 결코 양도될 수도 없는 것이기도 하다. 그런데 자연을 거스르는 외부의 힘에 의해서, 혹은 자연이 부여한 이성을 변질시킴으로써 인간의 자연적 복종은 왜곡된다.

사실 자유가 천부적인 것인지 아닌지에 대해 논의하는 것은 진정 쓸데없는 짓이다. 자연에 반하지 않고서는 그 누구라도 사람들을 예속에 붙잡아둘 수는 없기 때문이다. 아주 이성적인 자연에 반할 수 있는 것이라곤 부정함을 제외하고는 그 무엇도 이 세상에 없다. 따라서 자유는 자연스러운 것이다. 바로 이런 이유로 우리는 자유와 함께 태어났을 뿐만 아니라 자유를 지킬 열정을 가지고 태어났다는 것이 나의 생각이다.

천부권으로서의 자유에 대한 라 보에시의 이런 관점은 도덕성 그리고 인간의 기본적 권리를 다룬다고 할 수 있다. 모든 인간은 자연적으로 자유롭다는 자연권을 기반으로 삼은 로마법에 충실한 라 보에시는 이 용어를 사용하면서 자발적인 복종은 자연의 이치에 어긋난다고 해석한다. 반면 자연적 권리의 사용은 인간으로 되돌아가는 행위이고, 폭정이 강요하는 동물성에서 벗어나 본래의 인간 자신과 일치하게 허용해줄 수 있다.

그러나 인간은 언제나 즉각적 만족을 추구하고, 이런 만족을 지속시키려는 경향으로 인해 복종을 선택하게 된다. 지속되는 개인적 만족에 대한 욕망이 인간에게 자연성을 상실하게 만드는 것이다. 자발적 복종은 즉각적이고 일시적인 기쁨을 인간이 거부하지 못한다는 것에 기인한다. 물론 여기에서 라 보에시의 모순을 발견할 수는 있다. 복종이 반 자연적인 것이라면, 어떻게 복종이 자발적이라고 말할 수 있는 것인지 의문이 들기 때문이다. 이에 대해 그는 인간의 자유에 대한 본래적인 열망은 굴종을 초래하는 문화와 정치적 맥락 속에서 거부된다고 지적하면서, 그 대표적인 것으로 망각과 관습, 그리고 탐욕과 동의를 지적한다.

자 그러니, 감정을 지닌 모든 생명체는 예속의 불행을 느끼고 있으며 자유를 찾아서 달려간다. 심지어 인간에게 도움을 주기 위해 태어난 짐승들은 반항의 욕망을 가지고 저항을 한 후에야 비로소 예속을 따를 수밖에 없다. 그런데 대체 어떤 불행으로 인해 최초의 상태에 대한 기억과 그것을 되찾으려는 욕망을 상실하게 될 정도로 진정으로 자유롭게 살기 위해 태어난 유일한 종족인 인간은 변질되었단 말인가?

그에 따르면 기억의 상실은 자연에 대한 위반이다. 인간은 자유를 가지고 태어난 과거에 대한 기억을 잊어버리면서 자연이 부여해준 시간의 연속성을 스스로 놓치고 만다. 기억의 상실은 시간의 위배이고 나아가 자연을 거스르는 행위와 다르지 않다. 최초의 자유를 기억하지 못하는 자는 역사적 인간, 즉 역사 안에 놓인 인간으로서의 자격을 지니지 못한다. 관습역시 이런 망각을 초래하는 또 다른 이유의 하나이다.

모든 영역에 있어서 우리들에게 엄청난 힘을 발휘하는 관습은 무엇보다도 복종을 배우게 만드는 관습이며, 독약에 길들여진 끝에 목숨을 잃었던 미트리다테스가 전해주고 있는 것처럼, 어떤 경우에도 복종의 독이 쓰디쓰다는 것을 알지 못한 채그것을 자진해서 들이키도록 가르쳐주는 것보다 더 힘이 센것은 없다.

반복적 지속의 의미를 내포하는 관습은 시간적인 개념과분리될 수 없다. 따라서 관습은 기억을 하지 못하게 만드는힘이기도 하다. 물론 관습에 의해 인간 최초의 자연성이 타락된다는 관점은 인간의 본성이 정해지고 고정된 것이 아니라, 시간이 흐르면서 왜곡되고 타락될 수도 있으며, 그 반대도가능하다는 관점에 기반을 둔다. 무한히 확장되어갈 가능성을내재한 인간의 본성이 관습에 의해 제약을 받고 타락하게 된다면, 인간의 권위와 위엄 역시 파괴된다. 즉 파편화되고야 만다. 단절을 초래하며 최초의 상태를 기억하지 못하게 만드는 관습으로 인해 개인은 자연 상태로 되돌아가려는 어떤 시도도 하지 못하게 된다. 그리하여 자연스럽게 가꾸어지지 않은 관습은 복종을 낳기에 이르고, 이로 인해 인간은 복종에 놓이게 된 자신의 상태가 마치 자연 상태인 것인 양 여기는 오류 안에서 살아가게 된다. 복종이 자연스러운 것으로 파악되는 순간, 인간이 복종에 자발적인 태도를 유지하는 것은 피할 수 없는 일이다. 관습은 복종을 자연스러운 것으로 만드는 탐욕과 결합하기 때문이다.

인간이 모든 것에 익숙해지면 모든 것은 자연스러운 것으로 여겨지는데, 그런데 인간의 본성에는 오직 단순하고도 변하지 않는 것들만을 욕망하는 성질이 있다. 그러므로 자발적 복종의 첫 번째 이유는 바로 관습이다. 고삐를 물어뜯다가도 그것을 즐기게 된 후에는, 예전에는 안장을 짊어지길 버티다가 이제는 나서서 마구를 걸치고 무장한 자신을 아주 당당하게 뽐내는 가장 용맹한 말들에게서 바로 이런 것을 볼 수 있다. 사람들은 언제나 자기들이 종으로 태어났으며 그들의 아버지들도 그렇게 살아갔다고 말한다. 그들은 고통을 견뎌야만 했다고 생각하고,

부모들의 사례에 납득을 당한 그들은 자신들에게 폭정을 행하는 자들이 누리는 강탈을 시간이 흐를수록 공고하게 만든다.

게다가 배운 자들이든, 학식 있는 자들이든 모두 권력에 매혹 당하는데, 그들 역시 권력을 탐한다. 그들 역시 지배자가 되고 싶어 한다. 그래서 폭정은 끊임없이 인간에 내재된 이 성질을 이용하여 그들 사이에 시기와 경쟁을 만들어낸다. 탐욕의 인간이 자연과 분리된 자라면, 폭군 역시 인간의 탐욕을 이용한다는 점에서 자연을 위반한 자이다.

라 보에시의 이런 관점은 정치구조나 형태 안에서의 복종의 원리나 기원을 찾기보다는 인간 본원의 차원에서 복종의 이유를 발견하려는 시도에 해당한다. 폭군이 권력을 유지하고 이용하기 위해 근거로 삼는 대상이 무엇인지, 그리고 그 대상의 본질적 이유를 찾는 것에 그가 관심을 가질 수 있었던 것은 그가 무엇보다도 인간 자체에 시선을 돌린 인문주의자였기 때문일 것이다. 인간의 내부에서 부당함의 원인을 찾으려는 이런 시도는 어떤 면에서는 정치이론의 측면을 이미 벗어났다고 말할 수도 있을 것이다.

4. 폭군에 대한 민중의 동의

라 보에시가 폭군이 초래한 불행의 원인이 폭군의 개인적 성질이 아니라 오히려 그가 소유한 권력 그리고 권력을 남용하는 방식에서 나온다고 지적하는 것은 그런 방식 덕분에 폭군이 존재하게 되고, 그 방식을 그는 힘으로 사용하기 때문이다. 선거나 군사력 혹은 혈통에 의해 폭군이 이런 힘을 소유하게 되면 군주의 권위는 변질되어 공적인 이익에 답하지 않게 된다. 모든 것이 한 명에게 속해 있는데 어떻게 국가라는 것이 가능한가? 라는 질문을 라 보에시가 던지는 것도 이런 이유 때문이다.

그러나 유일한 지배자이기를 바라는 폭군에게 힘을 부여하는 것은 무엇보다도 민중의 비겁함이다. 수많은 사람들이 한 사람에게 복종하는 것은 참으로 이상하지만, 이것이 가능한 것은 비겁한 그들이 스스로 비겁하다는 것을 알지 못한 채 그에게 힘을 빌려주기 때문이다.

비참하고 가련한 넋 빠진 민중들이여, 고집스럽게 고통을 받으려 하고 행복에 눈을 감아버린 자들이여! 그대들이 벌어들인 가장 아름답고 가장 찬란한 수입이 눈앞에서 날아가 버리고,

그대들의 논밭이 강탈당하고, 선조들의 오래된 가구들이 들어 찬 집들이 약탈당하게 방치하고 말았으니, 더 이상 가진 것이 하나도 없게 될 정도로 그렇게 그대들은 살아가고 있다. 그대들은 재산과 가족 그리고 생명의 반절만을 손에 넣게 되어도 그것을 커다란 행복으로 여기는 것 같다. 그런데 이 모든 손실, 이 불행, 이 탕진은 다수의 원수들에 의해 그대에게 닥치는 것이 아니다. 그렇다, 그것은 분명 바로 한 명의 원수에 기인하는 것이니, 그대들은 그를 지금도 그렇게 위대하게 만들고 있고, 그를 위해 그토록 용감하게 전쟁터로 나가고, 그의 영광을 위해 죽음에 자신을 내맡기는 것을 거부하지 않는다.

폭군은 공동의 물질적 재산을 사적으로 취하는 자이고, 폭군의 권력은 민중이 그에게 양도한 것으로 형성된다. 이런 폭군은 자연적인 속성을 상실한 자, 권력의 자연적 속성을 변질시킨 자에 해당한다. 공공의 힘을 자기 개인만을 위한 힘으로 몰수하는 이런 방식이 군주를 폭군으로 만들어준다.

이와 반대로 "복종한 자들은 이런 전투의 용기는 고사하고 모든 것에서 활력을 잃어버리기 때문에 마음이 비천하고 유약하며 위대한 모든 것들을 행동으로 옮겨내지" 못하게 되고, 이것을 잘 알고 있는 폭군은 그들을 더 무기력하게 만들기 위해 가능한 모든 수단을 취한다. 폭군이 사용하는 이런 방식의 하나가 자유에 대한 망각을 유도하는 것이다.

그들은 새로운 폭정을 공고히 만들기 위해 복종을 강화하고, 자기 휘하에 있는 사람들의 정신이 자유를 낯설게 여기도록 만들어서 자유에 대한 생각이 비록 최근에 갖게 되었다고 하더라도 조만간 그들의 기억에서 금방 사라지게 만드는 것만을 최고의 수단으로 여긴다. 그리하여 사실을 말하자면, 이런 폭군들 사이에는 약간의 차이가 있긴 하지만 선택을 하라고 한다면 어떤 것이 더 나은지 모르겠다. 왜냐하면 이들이 왕좌에 오르는 수단은 다양하지만 그들의 통치방식은 언제나 거의 동일하기 때문이다. 민중에 의해 선택된 자들은 민중을 마치 길들여야 하는 황소로 취급하고, 정복자들은 그들을 포로로, 계승자들은 그들을 처음부터 자기들에게 속한 노예로 간주한다.

기억이 자연으로부터 부여받은 인간적 본성의 하나임을 상기한다면, 폭군이 강제하는 망각은 당연히 자연과의 단절을 초래한다. 공공의 재산을 사적 재산으로 간주하고 공적인 재산의 주인으로 자처할 정도로 탐욕스러운 폭군은 자유에 대한 인식과 그런 인식을 바탕으로 행동하게 이끌 수 있는 기억을 민중으로부터 앗아간다. 망각을 불러오는 그의 힘은 막강하다. 소수의 정의로운 자들마저도 그들의 행동이 결실을 맺지 못하게 될 만큼 폭군의 권력을 제어할 또 다른 힘을 지니지 않았다. 막강한 이런 힘을 소유한 폭군은 민중을 비이성적인 존재로 만들어 맹목적으로 자기 힘에 복종하도록 강제할 수 있다.

기억의 상실과 마찬가지인 이런 비이성적 상태에 민중이 놓이도록 만들기 위해 폭군은 이성을 파괴하는 여러 수단들도 함께 사용한다. 그리고 이것들이 실제적인 효과를 발휘하게 만들어 자신의 권력을 민중이 정당한 것으로 간주하게끔 만든다. 이런 수단들 가운데에는 과거의 사르디스 주민들의 폭동을 진압하기 위해 키루스 2세가 설치한 사창가, 술집, 도박장이 있으며, 민중의 상상력을 불러일으키기 위해 이집트 왕들이 치장했던 종교적 상징물이 있다.

초기 이집트 왕들은 항상 머리에 고양이나 나뭇가지 혹은 불을 지니지 않고서는 결코 모습을 드러내지 않았으며, 그런 식으로 마술사의 역할을 수행해냈다. 그런 신기한 것들을 통해 백성들에게 존경과 감탄을 불어넣었는데, 어리석거나 지배당하지 않았더라면 이런 모습을 백성들은 조롱하고 비웃었을 것이다. 폭정을 공고하게 만들기 위해 과거의 폭군들이 했던 모든 것을 발견하고, 자기네 마음대로 할 수 있는 민중을 언제나 찾아내면서 단지 그물 하나만 펼쳐도 민중을 잡아낼 수 있었던 그들이 사용한 저런 소소한 방식들을 보게 되는 것은 참으로 비통하지 않을 수 없다.

이런 기호의 상징성은 폭군을 민중과는 동떨어진 특별한 자로 만들어주는 효과를 발휘한다. 민중의 상상력을 자극하여 신비하고 신성한 존재로서의 이미지를 갖게 하고, 여기에서 강한 힘에 굴복하기 마련인 어리석은 민중의 신뢰를 얻어낸다. 허구를 토대로 폭군의 권력이 형성되는 것이고, 그것에 도취한 민중은 폭군을 지지하게 되는 것이다. 그런 이유로 "사악한 괴물"이며 "야비하고 더러운 페스트"에 간주될 수 있는 로마황제 네로가 베푼 향연에 민중은 감탄하며 기꺼이 자신의 재산과 아이들을 황제의 탐욕과 잔인함에 내맡길 수밖에 없었다.

그런 식으로 오늘 은화가 모아지고, 티베리우스와 네로에게 그들의 자비에 감사하면서 민중의 향연이 만끽되었는데, 이튿날이 되면 민중은 이 으리으리한 황제들의 탐욕에 재산을, 사치에 아이들을, 잔인함에 자신들의 피마저도 맡기지 않을

수 없게 되었고, 돌멩이 한 개도 안 되는 한 마디도 하지 못하고
나무 밑동 마냥 한 발짝도 옴짝달싹할 수 없게 되고 말았다.

따라서 화려하게 치장되고 유혹적인 군주의 말은 스스로
진실을 감출 뿐만 아니라 민중이 진실에서 멀어지게 만드는
힘마저 지닌다. 진실을 비껴가는 정치적 수사학으로 채색된
말은 헛된 상상을 불러일으켜서 민중의 자발적 복종을 이끌어
낸다. 폭군에게서는 말과 사물이 일치하지 않는다. 그들은
거짓과 지어낸 말을 이용하고, 혹은 독으로 가득 찬 감미로운
말들을 사용하면서 민중이 복종을 달게 여기게 만든다. 폭군의
감미로운 거짓의 언어는 민중에게는 독이 가미된 설탕과 다르
지 않은 셈이다.

그리하여 라 보에시의 작품에서 민중은 정치적이고 문화적
인 통일체로서의 면모를 지니지 못하고 있을 뿐만 아니라,
자율권을 지키기 위해 투쟁에 나서는 용기를 지닌 자들에
해당하지도 않는다. 오히려 민중은 폭군의 유혹에 쉽게 넘어가
는 어리석은 자들일 뿐이다.

폭군들은 민중을 사랑하면서도 의심하고, 민중은 자기를
속이자는 자에 대해서는 순진하다. 입 앞을 스쳐가는 별거

아닌 달콤함에 이끌려 복종에 즉각적으로 자신을 내맡기는 민중보다도 한 마리 새가 화살에 더 잘 낚이는 법이라고, 벌레를 즐겨 먹는 물고기가 낚시 바늘을 오히려 더 잽싸게 물어댄다고 생각하지는 말자. 조금만 간지럽혀주면 그들이 그렇게 즉각적으로 자신을 내맡기게 되는 것은 참으로 놀라운 일이 아닐 수 없다. 연극, 놀이, 익살극, 공연, 검투경기, 신기한 동물들, 동전들, 그림들 그리고 그러그러한 다른 마약들은 고대의 민중에게는 복종의 미끼였고 빼앗긴 자유의 대가였으며 폭정의 도구였다. 고대의 폭군들은 이것들을 수단으로 삼아서 이용했고 이것들로 유혹하여 백성들에게 굴레를 채워서 잠재워 버렸다. 그리하여 우둔해지고야만 민중은 눈앞에서 벌어지는 이런 헛된 쾌락을 즐기면서 놀이들이 멋있다고 여겼으며, 번쩍거리는 그림들로 읽기를 배우는 어린애들보다도 더 어리석게, 아니 그들보다도 더 심하게 복종하는 데 익숙해지고야 만다.

진실과 거짓을 구분할 수 있는 능력을 지니지 못한 민중은 언제나 쾌락에 적극적으로 반응한다. 민중은 폭군이 던져놓은, 비윤리적인 것이기에 명예롭게 받아들일 수 없는 쾌락의 미끼를 물어버린 또 다른 짐승이다. 쾌락을 제공하는 폭군은 도덕의 차원에서 분명 비난받아야만 할 존재이지만, 그에게 힘을 내맡길 정도로 타락해버린 것은 역설적이지만 민중이기도 하다. 민중의 타락과 무지 그리고 망각은 폭군의 지배와 체제의 유지를 가능하게 만든다. 자유에 대한 욕구를 가지지 못한 이런 민중에게서 자연이 부여한 신중함과 덕성을 발견하기는 어렵다. 오히려 무지한 민중은 폭군이 제공하는 쾌락을 스스로 누리려는 탐욕마저 가지고 있다.

그들은 재산을 모으기 위해 복종하기를 원한다. 자기 재산이 자기 것이라는 말조차 할 수 없는 그들이 자기 것이 될 무언가를 얻으려 하기 때문이다. 그리고 폭군의 치하에서라면 누군가는 무언가를 얻을 수 있을 것이기 때문에 그들은 재산의 소유자가 되려고 안달을 한다. 그들은 그 누구의 것이라고 말할 수 있는 그 무엇도 남겨놓지 않고 모든 이들에게서 모든 것을 빼앗아 올 수 있는 힘을 폭군에게 부여한 자들이 바로 자신들이라는 것을 망각한다. 하지만 그들은 알고 있다. 폭군의 잔인함에 사람들을 의존하게 만드는 것이 바로 이런 재산이라는 것을. 타인의 재산을 취하는 것보다 죽음에 마땅한 더 큰 형벌은 없다는 것을. 폭군이 부만을 좋아하고 오직 부자들만을 공격한다는 것을. 그리고 부자들은 폭군에게 식욕을 불러일으키겠다는 듯이 백정 앞에 선 통통하고 잔뜩 배가 불러온 양들처럼 그런 모습을 폭군의 면전에 드러낸다는 것을.

또한 자신들이 폭군을 만든다는 것을 인식하지 못하는 민중은 동의를 통해 폭군의 권력을 정당한 것으로 간주하고 그것을 스스로 선택한다.

그런데 굳이 이 한 명의 폭군에 맞서 싸워서 그를 무너뜨릴 필요는 없다. 나라 전체가 그에 대한 복종에 동의하지만 않는다면 그는 스스로 무너지게 된다. 그에게서 무언가를 빼앗는 것이 중요한 것이 아니라 그에게 아무것도 주지 않는 것이 중요하다. 그가 나라에 해로운 어떤 일도 하지만 않는다면 그 나라는 스스로를 지키기 위해 무언가를 해야 하는 것은 아닐지 염려할 필요가 없다. 그러므로 자신을 내맡기는 자들은, 아니 오히려 스스로를 학대하는 자들은 민중이다. 떠받드는 것을 멈추기만 한다면 그들은 자유로울 수 있기 때문이다. 나서서 굴복하는 것도, 자신의 목을 따는 것도 민중이다. 복종할 것인지 자유로울 것인지를 선택할 수 있음에도 불구하고 그들은 자유를 물리치고 굴레를 찬다. 그들은 자신들의 불행에 동의하고, 아니 오히려 그것을 추구한다. 자유를 되찾기 위해 그들이 무언가 대가를 치르려한다고 해도 나는 그들이 그렇게 하도록 부추기지 않을 것이다. 심지어 그들이 마음속에 가장 소중하게 지녀야 할 천부권을 다시 회복하는 것, 달리 말해 짐승에서 인간으로 되는 것일지라도 말이다.

민중의 이런 맹신은 자연적이라기보다는 문화적인 것에 속한다. 관습의 힘을 그들이 비껴갈 수 없었기 때문이다. 어떤 정치적 삶에 참여한 적이 없는 그들에게 판단력이 결여되어 있다면, 그것은 인간을 만드는 문화의 혜택을 그들이 받지 못했기 때문이다. 배우지 못한 그들은 책을 통해 과거를 기억할 능력을 갖추지도 못했고, 따라서 미래를 계획하지도 못한다. 역사적 인간으로서의 가치를 스스로 포기한 민중은 자신들이 벗어나지 못할 현재만 알고 있을 뿐이다. 이런 역사적 인식을 갖지 못한 그들에게서 미래에 대한 기대를 찾을 수는 없다. 의사들이 나을 수 없는 상처들을 치료하려고 힘쓰지 말 것을 권고하듯이, 오래 전부터 자기 고통에 대한 인식을 잃어버린 민중에게 과거를 기억하고 현재를 가늠할 것을 요구하는 것은 잘못된 것일 수밖에 없다.

무지와 관습에 짓눌려 이성의 힘을 상실하고, 과거에 대한 기억의 능력을 갖지 못한 민중은 스스로 자유에 대한 역량을 무디게 만든다. 그들은 스스로를 쇠퇴시킴으로써 자신을 그리고 자신의 천부적 자유에 대한 권리를 포기한다. 심지어 짐승들마저도 자유를 잃지 않기 위해 저항을 하지만, *스스로 복종을 구하는 민중*은 자기가 태어날 때의 왜곡된 상태를 자연 상태로 간주하면서 자연이 부여한 이성과 자유를 배반한다. 복종의 상태에서 태어난 민중은 복종 자체를 자연적인 것으로 간주하는 오류를 범하지만, 그것으로부터 벗어나려는 어떤 시도도 하지 않는다. 이런 민중은 비자연적 인간, 자연과 단절된 인간, 오직 이성과 자연만이 보장할 수 있는 자유를 맛보지 못하는 비극에 떨어진 자들이다.

속박에서 태어나 복종에서 양육되고 키워진 인간들은 더 이상 앞을 바라보지 않고 그렇게 태어난 상태 그대로 사는 것에 만족하고, 자신들이 찾아냈던 행복이나 권리가 아닌 다른 행복이나 권리를 추호도 생각하지 않는다. 그들은 자신들이 타고난 상태를 자연 상태로 간주한다.

그렇지만 태어나면서부터 이미 굴레를 짊어진 사람들에 대해 라 보에시가 어떤 연민을 갖지 않는다고 말할 수는 없다. "그들이 자유의 그림자를 보지도 못했고 자유에 대해 말하는 것을 들어본 적도 없기 때문에 자기들이 노예가 되었다는 불행을 느끼지 못한다고 할지라도, 그들을 용서해주고 혹은 용인해주어야만 할 것 같다"는 말을 그가 하지 않는 것은 아니기 때문이다. 복종이 무엇인지를 인식하지 못할 정도로 그것을 자연적인 것으로 간주하는 그들의 오류는 그들 스스로의 잘못이라기보다는 그렇게 만든, 즉 그렇게 만들려는 방식을 사용한 폭군의 잘못 그리고 잘 관리되지 못한 문화 혹은 관습의 잘못에 기인한다. 그래서 민중에 대한 기대를 걸지 않았던 그는 때로는 다음과 같은 말을 통해 민중에게 자유에 대한 의지를 갖기를 간절히 권고한다.

더 이상 복종하지 않겠다고 결심하라. 그러면 그대들은 자유로워질 것이다! 그를 밀어붙여 일격을 가하라고 하기 보다는 더 이상 그를 지지하지 말 것을 나는 그대들에게 요구한다. 그러면 밑동이 뽑혀 제 무게에 짓눌려 무너지고야 마는 거대한 동상과도 같은 그를 그대들은 보게 될 것이다.

자연권을 망각하여 복종을 자연스러운 것으로 여기에 되는 민중을 향하는 이런 요구는 분명 모순에 해당한다. 그러나 이 표현에는 민중의 자발적 노력을 기대하고, 민중의 편에 서고 싶지만, 그것이 불가능하다는 현실 인식을 가진 그의 안타까움이 서려 있다. 라 보에시의 민중에 대한 태도에 희망과 사랑이 없다고 말할 수는 없다. 다만 민중의 현실이 그것을 가로막고 있는 것이다.

5. 소수의 배운 자들의 공모

이 점에서 라 보에시는 민중과는 달리 최초의 상태인 자연상태를 기억하며 배움을 익힌 소수의 용기를 지닌 자, 혹은 고귀한 자들, 즉 지식으로 무장한 소수의 사람들에게 기대를 건다. 그렇지만 이들 역시 폭군의 잠재적 희생물들이기도 하다. 폭군이 이들을 좋아하기 때문이다.

폭군으로부터 가끔은 호의를 얻기도 하는 이 고귀하신 분들이 그의 총애를 많이 받아 높은 자리에 오른다고 한들, 사악한 자들마저도 곁에 있으면 존경심을 갖지 않을 수 없을 정도로 미덕과 공명정대함이 그들에게서 빛나고 있다고 한들, 이 높으신 분들은 폭군 곁에서는 분명 버텨낼 수 없을 것이다. 그들은 만인의 고통을 느껴야만 하고 자신들을 희생시키면서 폭정을 경험해야만 한다.

폭군이 민중을 감시하기 위해 소유한 수많은 눈들은 민중이 준 것이지만, 동시에 합법적인, 즉 정당한 절차를 통해 폭군의 권력 가까이에 오른 소수의 사람들이 준 것이기도 하다. 폭정은 단지 폭군의 단순한 의지에서 이루어지는 것이 아니라 폭군이나 민중처럼 탐욕스런 이들에 의해서 유지된다. 이들은 공적인 이득을 사적인 이득으로 취하는 폭군처럼 그의 권력에서 나오는 어떤 이득을 취하려 한다. 심지어 폭군이 되기를 바라는 욕망마저 지녔다. 이들에게는 미덕이나 공명정대함에 대한 생각이 분명 있지만, 폭군의 곁에 놓이는 순간부터 그들은 그것을 저버리고 그의 이익과 권력을 탐하게 되며, 기꺼이 그의 대리인이 되어 폭정의 강화에 앞장선다. 민중에게 복종을 요구하는 자들도 바로 폭군에 복종하는 이들이다. 이 소 폭군들은 민중에 대한 통제를 강화하지만, 스스로에 대해서는 통제를 상실한 자이다.

그들은 함정에 빠진 자들이다. 복종에 모든 것을 바침으로써만 그들은 권력을 얻고 민중을 지배한다. 도둑놈들 혹은 해적들에 비유될 수 있는 이들은 폭군 곁에서 영혼을 저버린다. 만약 민중이 이 소 폭군들을 지지하게 되면 오히려 강화되는 것은 폭군의 지배력이다. 그런데 이런 질병이 복종이 있는 사회 전체를 언제나 휩쓸고 있다.

　　마찬가지로 한 국왕이 스스로 폭군을 자처하는 바로 그 순간부터 모든 사악한 것들은, 왕국의 모든 찌꺼기들은, 선이나 악을 행할 수 없는 수많은 작은 사기꾼들과 미친한 자들의 무리라고는 말하지 않겠지만, 그러나 뜨거운 야망과 눈에 드러나는 탐욕에 사로잡힌 사람들이 그의 주변에 모여들어 전리품에서 제몫을 챙기고 이 위대한 폭군의 통치하에서 못된 소폭군들이 되기 위해 그를 지지한다. 이들이 바로 대도이며, 이름값을 하는 해적들이다. 어떤 놈들은 나라를 갈망하고 다른 놈들은 여행자들을 뒤쫓는다. 한 무리가 매복을 친다면 다른 무리는 망을 본다. 한 놈이 살육을 저지른다면, 다른 놈들은 살갗을 벗겨낸다. 그들 사이에 우위가 있긴 하지만 한 놈이 아첨꾼일 뿐이라면 다른 놈들은 도적의 우두머리들일 뿐이다. 값나가는 전리품은 아닐지라도 적어도 거기서 떨어져 나온 것들을 챙기기 않는 놈은 한 놈도 없다.

　　폭군처럼 탐욕과 과도한 열정에 이끌려 자연을 벗어난 사악한 자들인 이들이 폭정을 행하게 만들고 폭정을 유지하게 만드는 주체라는 인식에서 라 보에시의 매우 현실적이고 냉철한 시선을 찾을 수 있다. 바로 이들에 대해서 그는 이 책에서 말을 건다. 폭군의 권력에서 이득을 취할 수 있는 비참한 이 소수의 사람들, 그러나 본래 자연에 의해 뛰어남이라는 혜택을 물려받은 이들을 향해 그는 복종의 종말을 환기시킨다. 네로가 자신을 황제의 자리에 오르게 만들기 위해 온갖 수고를 거부하지 않은 어머니를 살해하고 아내의 목을 조르고 말았던 것처럼, 이들은 민중의 복종을 강화하면서 폭군에게 스스로 복종한다. 그리고 언제나 폭군의 희생물이 되어간다. 폭군으로부터는 제 권력의 유지라는 것 이외의 그 무엇도 기대할 수는 없는 법이다.

이 비참한 자들은 폭군의 보물들이 번쩍이는 것을 바라본다. 완전히 넋이 빠진 그들은 빛나는 웅장함에 경탄한다. 그 번득임에 유혹당한 그들은 자기도 모르게 다가가며, 그들을 반드시 삼켜버리고야 말 불꽃 속으로 몸을 던진다. 그렇게 고대 우화가 전해주는 경박한 사티로스는 프로메테우스의 유혹적인 불이 빛나는 것을 보고는 그것이 무척이나 아름답다고 여겨 그것을 껴안으려다가 불에 타버리고 말았다. 그런 식으로 반짝이는 것을 보고 기쁨을 맛보기를 바랐던 나비는 불 속으로 뛰어들어, 토스카나의 시인이 말한 것처럼, 그 불이 태워버릴 힘도 있다는 것을 곧바로 느끼고야 말았다.

라 보에시가 예전에 민중에 대해 사용했던 "비참한"이라는 형용사를 폭군의 총신들에게 부여하는 것도 바로 탐욕에 이끌린 이들이 권력의 시녀로서 민중의 비난을 받는 장본인들이기 때문이다.

이 커다란 고통에서 그들에게 되돌아가는 것이 무엇인지를 생각해보고, 고통과 비참한 삶으로부터 기대할 수 있는 행복이 무엇인지를 생각해보는 것은 진정 의미가 있다. 민중이 자신들이 겪고 있는 고통을 두고 비난하는 대상은 폭군이 아니라 바로 자신들을 지배하는 자들이기 때문이다. 민중, 백성, 농민과 노동자에 이르는 이 모든 사람들은 앞 다투어 그들의 이름을 알고 있고, 그들의 죄악을 하나하나 들춰 보인다. 이들은 수많은 모욕과 모독 그리고 저주를 그들에게 쏟아 붓는다. 모든 기도와 맹세가 그들을 향해 던져진다. 모든 불행과 페스트 그리고 기근에 대해서 이들은 그들을 비난한다.

그런데 역설적이게도 라 보에시가 폭군의 부당함과 폭정의 구조를 파괴해야만 하는 사람들이라고 지목한 자들은 본래 미덕과 공명정대함을 가지고 태어났지만 지금은 "민중의 포식자들"이 된 바로 이 소수의 사람들이기도 하다. 이들이 하늘로 눈을 들어 신의 명예와 사랑을 다시 찾아오는 역할을 수행해야 한다. 그가 작품의 마지막 단락을 다음의 말로 끝맺는 것도 신중함과 분별력이라는 자연의 권리를 기억하고 회복할 수 있는 이 배운 자들이 행동으로 지식을 드러내고 복종의 잘못된 오류를 수정할 수 있는 유일한 자들이기 때문이다.

그러니 배우도록 하자. 잘 행동하는 것을 배우도록 하자. 우리의 명예 혹은 우리의 미덕에 대한 사랑을 위해, 아니 더 나아가 우리의 행동을 충실히 증명해주시고 우리의 잘못을 심판하시는 전지전능한 신의 명예와 사랑을 위해서 눈을 떠서 하늘을 바라보자.

바로 여기에서 복종의 체계를 새롭게 분석하는 라 보에시의 냉철한 현실관이 발견될 수 있다. 그가 파악하는 민중이나 소수의 지식인들은 자신들의 자유를 대가로 그에게 권력을 부여하고 복종하는 가운데 개인적 이득을 취한다. 이런 민중의 성향을 폭군은 지배를 위한 수단으로 기꺼이 이용한다. 따라서 지배와 복종이 이루어지는 방식에 관한 그의 해석은 사회의 가장 높은 곳이 아래를 짓누른다는 기존의 지배방식에 대한 설명과는 차이가 있다. 그에 따르면 폭정은 폭군의 하위계급들이 바로 그 아래 계급을 짓누르는 방식으로 촘촘하게 얽힌 구조 안에서 이루어진다. 그리고 이것이 가능한 것은 인간 각자가 지배의 욕망과 탐욕 그리고 권력과 부에 대한 시기심을 지니고 있기 때문이다.

그러나 무엇보다도 사회적 삶의 조건이 자연적 조건의 반대라는 인식에 그가 기반하고 있음을 알 수 있다. 위 인용문에서 "신"이 언급되었듯이 라 보에시는 자유를 획득할 수 있는 구체적 방법을 제시하지 않는다. 그러나 민중이든, 소수의 지식인들이든, 복종의 근원에는 인간의 탐욕과 열정이 간여한다는 것 그리고 폭정이 폭군의 사적인 이익 추구의 욕망에 기인한다는 것을 강조하는 그에게서 인간 본성과 복종을 연계하는 관점을 읽어낼 수 있다. 그는 정치체계나 정치이론의 차원이 아니라 인간 본성에 대한 철학적이고 심리적 차원에서 자발적 복종의 근거를 찾아낸다.

그리고 현실적이고 실질적인 차원에서 스스로를 가늠할 수 있고, 스스로를 되돌아볼 수 있는 "더 낮게 태어난 자들", 그러나 권력에 대한 욕망으로 인해 자연성을 유지하기를 포기한 자들에게 복종의 근본적 이유를 사색하도록 촉구한다.

심리적 분석과 현실적 관점을 결합하는 그에게서 추상적인 정치철학자의 모습만을 찾는 것이 적절하지 않은 이유가 여기에 있다. 소수의 사람들에게 명예와 미덕을 환기하며 파괴되고 단절된 자연과의 관계를 다시 회복시켜주는 요소로서의 우정을 환기하는 그에게는 현실에서는 불가능한 정치를 개인과 공동체의 윤리 안에서 찾으려는 인문주의자로서의 태도가 있다.

6. 폭정에 맞서는 우정과 연대

라 보에시에게 있어서 우정은 자연적 이성과 다른 성질의 것이 아니다. 그것은 자연으로부터 인간이 얻게 된 본성 가운데 하나이며, 사회계급 간의 차별이 성립되지 못하게 만드는 힘이기도 하다. 그가 『자발적 복종』의 앞부분에서 다음과 같이 자연이 부여한 것이 우정이었음을 밝히고,

이 선하신 어머니께서는 우리 모두에게 모든 땅을 주시어 머물게 했으며, 우리가 서로를 바라보고 마치 거울처럼 다른 이에게서 자신을 거의 알아보게 만들기 위해서 그녀는 우리

모두를 같은 집에 머물게 하셨으며, 같은 틀을 사용해서 우리에게 형태를 주었다. 그녀는 우리가 서로 더 잘 만나고 형제같이 지내도록 만들기 위해서 그리고 서로의 생각을 소통하고 교환함으로써 우리 의지의 일치를 만들어내기 위해서 우리에게 목소리와 말이라는 멋진 선물을 주었으며, 그녀는 모든 수단을 동원해서 우리 동맹의 매듭을, 우리 공동체의 매듭을 만들어서 단단하게 조이려고 했으며, 그녀는 우리가 서로 결합하는 것뿐만 아니라 단 하나의 존재이길 원했다는 것을 모든 측면에서 우리에게 보여주었다. 우리가 자유롭지 않게 태어났다는 것을, 우리 모두가 동지라는 것을 하등 의심해서는 안 된다. 누군가에게 복종하도록 자연이 우리를 만들었다는 생각을 그 누구도 가져서는 안 된다. 자연은 우리 모두를 상호동맹하게 만들었다.

작품의 마지막 부분에서 우정의 신성함을 언급하며 작품 전체를 우정의 개념으로 감싸는 것은 우정을 기억하고 우정이 제시하는 연대를 실천하는 것만이 복종으로부터 벗어나는 방식이 될 수 있다고 판단했기 때문이다.

우정은 성스러운 이름이고 신성한 것이며, 그것은 고귀한 자들 사이에서만 존재하고, 서로에 대한 존중에서 태어난다.

그것은 호의에 의해서가 아니라 정직함으로 지탱된다. 다른 이를 믿을 만한 친구로 만드는 것은 다른 이의 전부를 이해한다는 것이다. 친구는 자신의 착한 본성, 충실성, 한결같음을 우정의 담보로 삼는다. 잔혹함, 배신, 부정이 있는 곳에 우정이 있을 수는 없다. 사악한 자들이 서로 한 곳에 모이게 되면 그것은 음모이지 벗들의 공동체가 아니다. 그들은 서로를 좋아하지 않으며 오히려 서로를 두려워한다. 그들은 친구가 아니라 공모자들이다.

상호연대를 가능하게 만들어주는 우정이 자연에 의해 본래부터 인간에게 부여된 속성이라는 점과 그것을 다시 기억하고 인식하는 이성적 행위가 필요하다는 것을 그는 강조한다. 인간이 이성을 갖추게 되면 각자는 독립적이면서도 동시에 상호성을 지닐 수 있게 된다. 자연이 모든 인간을 공평하게 만들지는 않았기 때문에 인간 사이에 우위가 있지만, 그것 역시 자연이 원한 것이다. 따라서 그것 역시 자연스러움에 속한다. 자연적 불평등이라고 할 수 있다. 그리고 바로 이것이 인간들의 다양성을 형성하는 중요한 요소가 된다. 게다가 인간들의 모임이 다양한 것은, 이 다양함을 묶어줄 수 있는 연대의 인식이 있기 때문이다. 다양성이 존재하는 것은 서로 분열하고 지배하기 위해서가 아니라 '연대'하기 위해서인 것이다.

따라서 우정은 인간들이 서로 형제임을 밝혀주는 힘이고, 형제로 만드는 힘이며, 모두가 자연스럽게 자유로운 존재라는 증거이다. 우정은 인간의 자유를 지켜줄 뿐만 아니라 인간이 서로 사회적 관계를 맺도록 허용하는 정당성도 부여해준다. 탐욕에 의해 복종을 자발적으로 선택한 개인은 고립된, 즉 파편화된 존재일 뿐이며, 인간들이 상호 관계를 통해 만들 수 있는 공동체로부터 분리된 자이다. 각자의 개인적 가치를 완전하게 존중하는 우정은 공동체를 구축하는 토대가 된다. 정치적 형태 이전에 이미 존재했던 우정이 파괴된다면, 그것은 인간에게 부여된 자연성이 파괴된 것과 다르지 않다. 바로 여기에서 폭군의 등장이 가능해지고, 복종을 자연스러운 것으로 여기는 오류가 발생한다. 우정이 파괴된 자리에 폭군을 정의하는 요소인 탐욕이 언제나 개입하는 법이다.

이런 이유로 복종한 인간에게는 자연에 의해 각자가 우정으로 서로 연계되어 있다는 것을 기억하는 것이 필요하다. 정신의 활력, 즉 정신적 차원에서의 행동을 되찾는 것이 복종으로부터 벗어나게 만들 수 있다.

그렇지만 이런 우정을 권고하기 위해 그가 말을 거는 대상이 민중이 아니라는 점을 유의할 필요도 있다. 탐욕의 희생자이며 배움의 기회를 상실한 자들, 그리고 과거를 기억하지 못하고 폭정 하에서도 개인적 이득을 탐하는 민중에게서 우정에 대한 자발적 인식을 기대할 수는 없다. 그들에게는 우정이 자연에 의해 형성된 공동체의 토대가 된다는 것을 인식할 수 있는 역량이나 기회가 결여되어 있다. 당연히 폭군에게서 이 우정을 찾는 것 역시 불가능하다. 폭군은 사랑을 하지 않으며, 결코 사랑받지도 않는다. 그는 우정으로부터 배제된 자, 역시 단절되고 파편화된 자일뿐이다.

이 점에서 라 보에시의 글이 민중을 대상으로 하지 않는다는 것을 알 수 있다. 그의 관점은 천부권을 내세운다는 점에서 지극히 이상적이고, 복종의 자발성을 분석한다는 점에서 심리적이지만, 폭정의 구조를 형성하는 데 기여하는 소수의 배운 자들을 글의 독자로 내세운다는 점에서는 매우 현실적이다. 이런 그에게서 군주제의 타도에 나설 것을 민중에게 권유하는 목소리나, 민중정부의 설립을 위한 항거에 적극적이어야 한다는 혁명주의자의 태도를 발견하기는 힘들다. 오히려 우정에 대한 그의 관점은 에라스무스를 비롯한 인문주의자들이 공유한 자연에 대한 인식에 토대를 두고 있다. 이들에 따르면 자연은 언제나 선하고, 연대와 자애의 원천이다. 자연은 계모가 아니라 선한 어머니이다. 자연과 선의는 항상 같이하고, 자연에 의해 태어난 인간은 내면에 자연성을 언제나 타고 태어난다.

　　자유는 자연스러운 것이다. 바로 이런 이유로 우리는 자유와 함께 태어났을 뿐만 아니라 자유를 지킬 열정을 가지고 태어났다.

　이런 자연관에 따르면 인간은 누구의 노예일 수는 없다. 우정은 어떤 정치공동체의 특징을 이루는 관계이기 이전에 모든 인간 공동체의 원칙이기 때문이다.
　또한 여기에서 라 보에시가 기독교적인 우정을 지지하지 않는다는 것도 확인할 수 있다. 자비慈悲에 기본을 둔 우정은 각자의 개인성을 집단적 상호 존중에 희생하도록 만드는 속성을 내재한다. 이때의 우정은 자신의 포기이며 타인의 이익을 위한 자기개인성의 취하에 해당한다. 기독교의 우정은 개인이 아니라 집단을 우위에 둔 개념이다. 게다가 이것은 개인들 사이의 불평등과 지배를 미리 전제로 삼기도 한다. 그러므로 이런 종교적 차원의 우정에 대한 개념을 라 보에시는 복종으로부터의 해방을 위해 수용하지는 않는다.

그가 파악하는 우정은 언제나 정의에 선행하고, 모든 서열로부터 벗어난 어떤 관계, 자신의 개인성과 총체성을 인정받는 방식에 의해 형성되는 관계를 가리킨다. 이런 우정의 가치를 인식하기를 그는 소수의 "고귀한 자들"에게 촉구한다. 각 개인이 이런 우정의 형제애로 맺어져 있다는 것을 깨닫도록 이들은 행동해야만 한다. 자신들의 뛰어남을 앞세워 민중을 복종에 놓이게 하고, 탐욕에 이끌려 폭군을 지지할 수 있는 이들은 폭군에 의해 자신들이 언제든 파괴될 수 있다는 것을 인식하고, 자연이 부여한 본래의 속성인 우정을 되찾아야만 하고, 되찾도록 이끌어야 한다. 그들에 의해서 파편화된 관계들은 서로 다시 연결될 수 있다.

분명 라 보에시는 소수의 사람들에게 우정의 중요성에 대해 말을 건다. 그렇지만 그가 언급하는 우정이 오직 지식을 갖출 수 있고, 태생이 훌륭한 지식인들만이 소유한 것은 아니다. 우정은 인간인 모든 이들의 자연적 속성이다. 다만 그는 우정이라는 것이 이미 주어진 가치였음을 망각한 민중들이 자유로운 인간을 지향할 수 있는 이 소수의 사람들 덕분에 자연의 원칙에 기반을 둔 사회공동체의 자유로운 구성원이 되어가기를 희망한다. 그는 어떤 제도나 국가체계에 대해서가 아니라 자유로울 수 있는 인간, 그리고 타인과의 자유로운 관계를 형성할 수 있는 개인의 역량에게 말을 건다. 그에게 단절은 파괴된 우정이고, 복종이나 지배처럼 왜곡된 관계에 해당할 뿐이다. 그것은 소외나 이탈을 허용하지 않는 동등함에 근거한 공동체를 파괴하는 힘이기도 하다.

7. 폭정에 맞서는 말과 글쓰기

앞에서 언급했듯이 라 보에시가 작품을 시작하며 오디세우스의 연설을 언급하는 것은 지배자가 진정한 국왕이 될 수 있다는 호메로스의 관점을 비판하기 위한 것이었지만, 그것은 동시에 오디세우스의 말이 지닌 위험성을 경고하기 위해서이기도 했다. 그가 보기에 오디세우스는 진실을 따르기보다는 주어진 상황에 맞춰서 말을 했다. 호메로스 영웅의 연설은 선동을 목적으로 한 것일 뿐 진실을 담아낸 것은 아니었다. 이 영웅은 민중의 선호를 정확히 꿰뚫고 있는 선동가였다. 그의 연설에는 윤리가 배제되어 있다.

이와 달리 라 보에시는 자신의 작품이 오디세우스의 선동적인 거짓의 연설과는 다른 것이 될 것을 지향한다. 게다가 글이 아니라 말을 하였고, 신뢰할 수 없는 민중을 대상으로 삼았던 오비디우스의 말이 왜곡을 내재할 수밖에 없었던 것과는 달리 그는 진리가 그의 글에 담기기를 희망한다. 정의가 사라진 것에 분노한 어린 카토의 사례를 그가 직접 인용문의 형식을 빌려 소개하는 것은 그 증거이기도 하다.

어린 시절의 우티카의 카토는 엄한 스승 밑에서 공부했는데 가끔씩 폭군 술라를 만나러 가곤 했다. 그가 술라의 저택을 출입하는 것을 누구도 막지 못했다. 가족의 신분 덕분이기도 했고 혈연관계가 있었기 때문이기도 했다. 방문을 할 때마다 그는 로마 귀족자제들의 관습에 따라 가정교사와 함께 갔다. 어느 날 그는 술라의 면전에서 혹은 그의 명령에 따라서 사람들을 가두고 처벌하는 것을 저택 안에서 보게 되었다. 어떤 이는 추방되었고 어떤 이는 목 졸려 살해되었다. 사람들이 한 시민의 재산을 몰수하기를 요구했는가하면, 다른 이들은 그의 목을 내놓을 것을 주장했다. 요컨대 모든 일들이 마치 도시행정관이 아니라 폭군의 집에서 벌어지는 것 같았다. 정의가 집행되는 성소라기보다는 폭군의 소굴이었다. 이에 어린 카토는 스승에게 말했다. "제게 칼을 주지 않으시겠습니까? 옷 속에 숨기렵니다. 저는 가끔씩 술라가 잠자리에서 일어나기 전에 그의 방에 들어가곤 합니다. 이 도시를 해방시킬 만한 강한 팔이 제겐

있습니다." 카토가 한 말은 진정 이러했다. 이러한 삶의 시작은
그의 죽음에 걸맞다.

폭군의 권력은 말의 남용에서 나온다. 이에 반해 라 보에시
는 말의 미덕 혹은 미덕을 갖춘 말의 필요성을 강조한다.
그것은 폭군의 이중성과 위선을 드러낼 유일한 수단이다.
그가 카토를 굳이 언급하는 것은 그가 웅변의 힘을 지닌 말의
진정한 모델이기 때문이다. 그는 진실을 위하는 말과 행동
사이의 일치를 일생을 통해 증명한 소수의 사람들 가운데
한 명이다.

따라서 라 보에시의 작품은 말의 올바른 사용에 관한 옹호로
간주될 수도 있다. 그가 작품에서 부단히 고대인들, 신화적
인물들, 동시대 인물들을 소환하는 것은 말의 '명명백백함'을
통해 자신의 말을 설득적으로 전달하려는 진정성을 드러내기
위해서이다. 진정성 있는 말은 "이러한 삶의 시작은 그의
죽음에 걸맞다"라는 표현이 암시하듯이 한 개인의 자유로운
본성을 증명한다. 그래서 진실을 찾는 말은 자유와 연관될
수밖에 없다. 그가 작품 곳곳에서 "맥락을 거의 벗어났던
본론으로 다시 돌아가자" 혹은 "모르는 사이에 멀리 벗어나버
린 내 말로 다시 돌아온다면"과 같은 표현을 굳이 사용하는

것은 자유로움에 이끌려 맥락을 벗어났을지라도 다시 언제나 원했던 목적, 즉 복종의 근원적 원인으로 자기 글을 다시 끌고 들어가려는 의지를 지녔음을 보여주기 위해서이다. 그가 사용한 이탈의 기법은 글의 자유를 실천하는 증거일 뿐만 아니라 진실을 부단히 추구하는 글을 지향하는 그의 의도를 증명한다.

그리하여 그의 글에서 빈번히 등장하는 의문문과 감탄문은 그가 설득적 글쓰기를 지향했다는 해석을 낳을 수 있지만, 그가 갇힌 언어, 논리로만 무장한 언어를 수용하지 않는다는 것도 설명할 수 있다. 예를 들어 말의 자유를 지향한다는 것을 보여주면서 자신의 글에 '에세essai', 즉 '시도'로서의 성격을 부여하려는 의도를 감춰놓은 다음과 같은 문장이 증거가 될 수 있다.

이것이 행복하게 사는 것이란 말인가? 이것이 진정 사는 것이란 말인가? 용기 있는 모든 사람들이라고는 말하지 않겠지만, 양식을 지닌 혹은 인간의 모습을 지닌 사람들에게 있어서 이런 상태보다 더 견딜 수 없는 것이 세상에 어디 있단 말인가? 자기 것은 아무것도 없으면서, 그리고 다른 이로 인해 자신의 평안과 자유와 몸과 생명을 유지하며 이렇게 살아가는 것보다 더 비참한 처지가 있다면 그건 대체 무어란 말인가?

이런 점에서 자유를 지향하는 그의 글쓰기는 자연성에 대한 기억을 요구하는 그의 주장과 일치한다고 말할 수 있다. 그의 과거 사례나 고대 문헌에 대한 참조와 인용은 자연과 사랑, 그리고 관계의 단절을 불러일으키는 폭군의 행동에 맞서 지속성과 연속성을 회복하려는 의지를 반영하는 것이다.

왜냐하면 모든 인간은 인간적인 것을 갖고 있는 한, 복종에 자신을 내맡기기 위해서는 다음 중에서 하나가 필요하다. 복종을 강제당하던가, 아니면 속아 넘어가던가. 스파르타나 아테네가 알렉산더 군대에 의해 그렇게 된 것처럼 외국 군대에 의해 억압을 당하던지, 아니면 예전에 페이시스트라토스의 손아귀에 떨어진 아테네 정부가 그랬던 것처럼 과격파에 속아 넘어가던지 해야 한다. 그들은 속임을 당했기에 자유를 빈번히 상실하였지만, 타인에 의해 유혹을 당한 것이 아니라 오히려 스스로 속아 넘어가고 말았다.

과거의 이야기는 시간의 증인이고 진실의 빛이며, 기억의 생명이고 삶의 주인이다. 그가 고대의 이야기를 과하다고 여겨질 정도로 언급하는 것은 현재에게 교훈을 건네줄 수 있는 지지대로 삼기 위해서이다. 즉 과거를 통해 현재를 해석하고, 현재의 의미를 과거에서 찾음으로써 과거와 현재가 마치 우정이 그러하듯 서로 연계되어 있다는 진실을 전달하기 위해서이다.

지나간 시간을 상기하기를 바라고 연대기를 뒤적여보기를 바라는 자라면 그 수가 아무리 적다고 하여도 제 나라가, 그것도 사악한 권력에 의해 학대당하는 것을 보고 나라를 해방시킬 계획을 전적으로 그리고 올바른 좋은 의도에서 시도하여 언제나 쉽게 목적을 달성하게 된다는 것을 납득하지 못하는 자들은 전혀 없을 것이다. 자유는 자신을 드러내기 위해서라도 언제나 그들을 도우러 왔기 때문이다.

그래서 단절되지 않음을 우정의 속성으로 파악하는 그가 과거 안으로 글을 이끌어가는 것에는 당위성이 있다. 심지어 열정적인 어조 안에 마치 "우정은 평등함 안에서 꽃을 피우고, 그것의 발걸음은 언제나 동등하며, 결코 절뚝거릴 수 없다"와 같이 전통적으로 수용되는 금언적 성격을 지닌 문장들을 새겨 놓는 것 역시 이런 진리의 연속성에 대한 탐색의 일환으로 간주될 수 있다.

게다가 "꽃을 피우"다와 같은 은유법 역시 이런 의지를 뒷받침해주는 요소가 된다. 분명 은유는 무미건조해질 수 있는 논리적 글을 부드럽게 만드는 효과를 통해 설득력을 강화시키는 데 기여한다. 하지만 동시에 은유가 사물들 사이의 감추어진 공유점을 발견하는 시선에 의해서 탄생될 수 있는 것이라면, 상이한 개인들이 서로 형제이며 우정으로 맺어져 있다는 주장과 은유의 본래적 가치는 서로 다른 무늬를 지니지 않는다. 라 보에시가 사용하는 비유법은 그가 말하려는 주장과 일치한다. 그의 글은 오디세우스의 상황에 따른 선동적 말이나 폭군의 진실을 감추는 말과는 다른 길을 걷는다. 그에게는 말과 글쓰기의 일치를 실현하는 진정성이 있다. 말과 글의 진실을 추구하는 그는 명예와 미덕을 위한 행위를 스스로 실천한 자신을 드러내며, 자발적 복종을 고발하는 자기 글에 진실의 속성을 부여한다.

이런 면에서 라 보에시에게 있어서 글쓰기는 자유를 위한 투쟁의 기념물이라고 할 수 있을 것이다. 타인의 비참함을 담는 과거의 빛나는 수많은 사례들에서 교훈을 얻게 해주는 글은 인간의 본성과 조건이 지닌 의미를 담아내는 그릇이며, 동시에 그 의미를 찾도록 추동하는 동인이다. 자발적 복종으로부터 벗어나 자유를 획득하는 길이 기억에 의해 찾아질 수 있는 것이라면, 진정성에 기반을 둔 글은 복종의 반복을 단절시키는 역할을 수행할 수 있다. 폭군은 지식과 문화의 이런 위험을 알고 있다. 그런 이유로 폭군은 민중을 무지의 상태에 머무르게 만들려고 하고, 그들이 환각에 갇혀 있게 만들기 위해 온갖 상징적 재현들을 수단으로 사용한다. 그것이 기억을 방해하고 자유의 실제적인 장애가 될 수 있다고 그는 믿는다.

이에 맞서 라 보에시는 기억의 자유가 자유에 대한 기억과 다른 것이 아님을 강조한다. 그가 작품의 마지막 단락에서 배움을 굳이 권고하는 것은 오직 기억하는 것만이 복종의 사슬에서 인간을 해방시킬 수 있음을, 과거를 읽어내고 그것을 기록한 글을 통해 배우는 것만이 자연이 부여한 이성을 되찾는 길임을 호소하기 위해서이다. 그에게서 말은 우리가 형제처럼 지내고 우리의 생각을 소통하고 교환함으로써 우리 의지의 일치를 만들어내기 위해 자연이 우리 인간에게 준 멋진 선물인 것이다.

***

스무 살이 채 되지 않은 젊은 인문주의자의 매우 짧은 글에 대해 긴 해제를 덧붙인 것에 대해서 독자에게 양해를 구해야 할 것이다. 우리의 독자는 작품의 본질을 파악하는 명민한 시선을 갖추고 있으며, 스스로 작품의 가치를 추출해내는 예리함도 갖추고 있다. 그러나 라 보에시의 작품은 오랫동안 그런 독자들을 만나지 못했다. 앞에서 잠깐 언급하였지만 국내에 소개된 이 책의 한국어 번역들은 저자의 생각과 생각을 담아내는 글을 번역에 반영하지 못했다. 곳곳에서 수많은 의역과 오역이 발견되기도 한다. 그러나 무엇보다도 라 보에시가 이 책을 통해 자유를 위한 지식인들의 책임을 문제 삼고 있다는 것을 지적하지 못한 것은 기존 번역본들의 가장 큰 오류이기도 하다.

민중의 역량을 과소평가하기보다는 오히려 과거의 자유로움을 기억하도록 민중을 이끌 책임이 소수의 배운 자들, 그리고 이미 그것을 실행에 옮길 수 있는 그들에게 있다는 것을 상기시키는 라 보에시를 그것들은 장막 뒤에 숨겨버렸다. 그래서 우리가 그동안 만났던 라 보에시는 인간의 자유로운 본질에 대한 탐색을 촉구하는 자가 아니라 단지 정치적으로 폭정을 전복하려는 혁명가의 날선 모습만을 지니고 있을 뿐이었다.

그런데 자유로운 세계를 건설하는 정치적 목소리가 궁극적으로 도달해야 할 곳은 바로 인간의 정신일 것이다. 이데올로기에, 권력에, 탐욕에 이미 노예가 되었다는 것을 인간 스스로 자각하지 못한다면, 아니 자각을 위한 어떤 시도도 하지 못할 정도로 복종의 상태에 놓이게 된다면, 자유의 촉구를 위한 우렁찬 소리들은 여전히 메아리를 만들어내지 못할 것이다. 기존의 한국어 번역본들에도 불구하고 이 책을 다시 번역한 이유가 여기에 있다. 라 보에시의 의도에 좀 더 가까이 다가가서 그의 목소리의 떨림을 번역어로 옮겨내면서 조금이나마 느껴보는 것이 필요하다고 생각했다. 여전히 이 번역에 미진한 점이 많을 것이지만, 인문주의자로서의 라 보에시의 얼굴을 소개할 필요가 절실했다.

그리고 이 점에서 이 책의 출간을 받아들인 도서출판 b의 조기조 대표님과 편집부 여러분께 감사의 말을 전한다. 혀에 착착 달라붙고 귀를 살랑거리게 만드는 대중서들이 범람하는 이 시대에 굳이 되돌아볼 필요가 없다고 사람들이 흔히 생각하는 16세기에 작성된 책을 간행한다는 것은 일종의 큰 모험에 해당한다. 그러나 훌륭한 책들은 그 어떤 상황에서라도 활자로 옮겨져 새로운 생명력을 얻어야 한다는 뜻을 견지하며 이 책의 번역을 수용해준 것은 미래를 위한 고귀한 행동이라고 할 수 있다. 건네진 원고를 읽고 출간을 권고해준 한양대

이충훈 선생님께도 감사의 뜻을 전한다. 이 시대의 정신이
그나마 풍요로움을 꿈꿀 수 있는 것은 이 분들의 굳건한 자세
덕분이다.

2019년 9월 18일

자발적 복종

초판 1쇄 발행 2020년 03월 18일

지은이 에티엔 드 라 보에시 | 옮긴이 손주경 | 펴낸이 조기조
펴낸곳 도서출판 b | 등록 2003년 2월 24일(제2006-000054호)
주소 08772 서울특별시 관악구 난곡로 288 남진빌딩 302호
전화 02-6293-7070(대) | 팩시밀리 02-6293-8080
홈페이지 b-book.co.kr | 이메일 bbooks@naver.com

ISBN 979-11-89898-20-5 03160
값 10,000원